Christel van Dieken · Torsten Lübke · Julian van Dieken

Kompetente Kleinkinder

Wie professionelle Krippenarbeit gelingt

Ein Kind ist wie ein Pergament, dicht beschrieben mit winzigen Hieroglyphen, die du nur zum Teil zu entziffern vermagst; manche aber kannst du auslöschen oder nur durchstreichen und mit eigenem Inhalt erfüllen.

Ein grausames Gesetz? Nein, eine gute Erkenntnis. Sie stellt in jedem Kind das erste Glied in der unendlichen Kette der Generationen her. Suche nach dem in deinem dir fremden Kinde schlummernden Teilchen von dir selbst. Vielleicht entdeckst du es, vielleicht kannst du es sogar zur Entfaltung bringen.

Janusz Korczak

Christel van Dieken · Torsten Lübke · Julian van Dieken

Kompetente Kleinkinder

Wie professionelle Krippenarbeit gelingt

verlag das netz
Weimar

Wir danken Dr. Franziska Larrá, der Geschäftsführerin der Vereinigung Hamburger Kindertagesstätten gGmbH, und dem Regionalleiter für Kindertagesstätten, Thomas Ranft, herzlich für ihre Unterstützung bei der Entstehung des Buchs.

ISBN 978-3-86892-048-2

Lektorat: Erika Berthold
Gestaltung: Jens Klennert, Tania Miguez
Fotos: Julian van Dieken, Team Tornquiststraße
Druck und Bindung: Förster & Borries GmbH & Co. KG, Zwickau
Printed in Germany

Weitere Informationen finden Sie unter: www.verlagdasnetz.de

Inhalt

HIP-BOX
Junior

Vorwort

Krippen als eine Form institutioneller Betreuung von kleinen Kindern gehören inzwischen ganz selbstverständlich zum Leben vieler junger Familien. An dieser Entwicklung haben gute Krippen wie die in diesem Buch vorgestellte wesentlichen Anteil.

Kleine Kinder – die in staatlichen Regelwerken gezeichnete Grenze liegt bei unter drei Jahren – aus ihrer häuslichen Umgebung, aus dem »Schoß« (sic!) ihrer Familie zu »reißen«, das wurde bis vor einigen Jahren nur in den äußersten Notfällen für vertretbar gehalten. Es blieb die Abweichung vom idealen Familienbild. Diese Haltung, die tief im gesellschaftlichen Bewusstsein verankert war und ist, wurde immer wieder verstärkt durch projizierte Schädigungen der zarten Kinderpsyche und durch Warnungen vor Verzögerungen der körperlichen und geistigen Entwicklung. Die Gegner der Krippenerziehung scheuten sich nicht davor, Kriminalität mit Krippenerziehung in Verbindung zu bringen. Deswegen wurden Krippen nicht gefördert, sondern im Notfall geduldet, und Krippenpädagogen glaubten lange Zeit selbst, Schaden für das Kind nicht ganz vermeiden zu können.

Das hat sich zum Glück grundlegend verändert: Zuerst handelten Krippenpädagogen, die in den 1980er Jahren genau die Theorie, mit der die schädlichen Auswirkungen begründet wurden, zur Grundlage eines neuen pädagogischen Herangehens machten. Auf der Basis der Bindungstheorie wurde ein Eingewöhnungskonzept entwickelt, das Kindern einen sanften Übergang von ihrem Zuhause in die Krippe ermöglicht. Dadurch wurde die Krippe zu einem zusätzlichen Zuhause und zu einem zusätzlichen Anregungs- und Bildungsraum für die Kinder. Eltern erleben diese Entwicklung so positiv, dass ein Krippenplatz inzwischen nicht nur wegen der Vereinbarkeit von Familie und Beruf, sondern auch als Bildungsmöglichkeit für Kinder begehrt ist.

Politik und staatliche Entscheider reagierten sehr viel später. Erst im Jahr 2013 wird ein Rechtsanspruch für alle Kinder ab einem Jahr in Kraft treten.

Ob Eltern diesen Rechtsanspruch nutzen werden, das hängt überwiegend davon ab, ob sie eine Krippe finden, die die Ansprüche der Bindungstheorie einlöst, ihrem Kind Geborgenheit gibt und altersgemäße Lernanregungen bereit hält. Das Know-how, das für gute Qualität der Einrichtung und des Betriebs einer solchen Einrichtung sorgt, ist derzeit sehr gefragt. Fortbildungskonzepte wurden erarbeitet und fachliche Grundlagen veröffentlicht.

Aber fachliche Überlegungen werden nur wirksam, wenn sie mit professioneller Kreativität und Engagement der Fachkräfte gepaart werden. Dann kann daraus gute Praxis werden, wie wir sie in der Krippe Tornquiststraße finden, einer Kita unseres Unternehmens, der Vereinigung Hamburger Kindertagesstätten gGmbH. Oft machen gerade die Sorgfalt in den kleinen Dingen des Alltags und deren fachliche Begründung gute Qualität und hohen professionellen Standard aus.

Angesichts einer Praxis, wie sie am Beispiel der Krippe Tornquiststraße geschildert wird, verlieren alle von Krippengegnern immer wieder und immer noch beschworenen schädlichen Auswirkungen des Aufenthalts in Kleinkind-Institutionen ihren Schrecken. Gute Krippen sind gute Orte für kleine Kinder, denen Eltern vertrauen und denen sie ihr Wertvollstes anvertrauen können.

Dr. Franziska Larrá

Pädagogische Geschäftsführerin
Vereinigung Hamburger Kindertagesstätten gGmbH

Einleitung

Wir – das Team der Hamburger Krippe Tornquiststraße – sehen es als eine verantwortungsvolle und wichtige Aufgabe an, Kinder unter drei Jahren zu betreuen. Wir sehen unsere Arbeit als etwas sehr Sinnvolles und sind dankbar dafür, Kinder in ihrer Entwicklung begleiten und unterstützen zu dürfen.

Die Arbeitsbedingungen in öffentlichen Institutionen der Kinderbetreuung haben sich jedoch in den letzten Jahren verschlechtert. Das spüren auch wir; die Arbeitsbelastung und die Anforderungen an uns wuchsen. Dennoch tun wir unsere Arbeit immer noch mit Freude.

Mit diesem Buch möchten wir Sie – Kolleginnen, Kollegen und Eltern – ermutigen, sich auf den Weg zu einer qualitätsvollen Betreuung von Kleinkindern zu machen. Wir beschreiben Werte und Leitgedanken, die unsere Praxis bestimmen, sowie theoretische Grundpositionen, auf die wir uns beziehen, und sind überzeugt, dass eine gute Betreuung von Kindern unter drei Jahren nur gelingen kann, wenn es einen gemeinsamen, von allen Beteiligten gehaltenen »roten Faden« gibt. Für uns lässt er sich in einem Satz zusammenfassen: »Wir achten die Autonomie eines jeden Menschen und wissen um das Bedürfnis jedes einzelnen nach Zugehörigkeit und Beziehung.« Diese Haltung liegt unserem pädagogischen Konzept zugrunde.

Das Autorenduo – Diplom-Pädagogin Christel van Dieken und Diplom-Sozialpädagoge Torsten Lübke, der Leiter der Krippe Tornquiststraße – griff bei der Arbeit am Buch auf Texte aus dem Krippenteam und Textpassagen aus der pädagogischen Konzeption zurück, die im Juni 2000 entstanden. Der besseren Lesbarkeit wegen ist durchgängig von »wir« die Rede, obwohl Christel van Dieken als selbstständige Fortbildnerin und Fachberaterin für Kitas nicht zum Team gehört.

Das Buch soll Interessierten Einblick in die Arbeit mit Kindern unter drei Jahren vermitteln und die Frage beantworten, welche Bedingungen nötig sind, um qualitätsvoll mit Kindern dieser Altersstufe zu arbeiten.

Allen Beteiligten hat der Prozess der Dokumentation und Reflektion der Alltagspraxis Freude bereitet, und wir hoffen, dass sein Ergebnis einen Beitrag dazu leisten kann, Kleinkindern an vielen Orten beste Entwicklungschancen zu bieten.

Zunächst möchten wir Ihnen jedoch die Hamburger Krippe Tornquiststraße vorstellen und von ihrer Geschichte berichten.

Die Geschichte des Hauses

Im November 1899 wurde das Haus, in dem sich die Krippe befindet, auf dem Hinterhof einer Volksschule erbaut. »Es handelt sich um einen Putzbau mit einer Fenster- und Türrahmung sparsam eingesetzter roter Backsteindekoration.«[1]

Der heutige Bezirk Eimsbüttel, in dem die Krippe liegt, war damals ein Randbezirk Hamburgs, den wohlhabende Familien zur Erholung und als Sommerfrische nutzten, bevor sie sich dort Villen mit angrenzenden Parks erbauen ließen. In der Nachbarschaft lebten überwiegend arme Menschen, darunter viele Frauen, die ihren Lebensunterhalt selbst verdienen mussten. Für ihre Kinder wurde das Haus konzipiert und erbaut. Doch weil die Bewohner der Villen das soziale Elend nicht ständig vor Augen haben wollten, wurde die Krippe in den Hinterhof der Schule gebaut.[2]

Am 18. März 1900 übergab die Stadt Hamburg das Haus dem Frauenverein Eimsbüttel – einem christlichen Zusammenschluss – zur Nutzung als »Städtische Krippe«, in der 20 bis 30 Kinder betreut wer-

1 Aus: Schmal, Helga: Eimsbüttel und Hoheluft West. Hamburg 1996
2 Diese Information wurde mündlich von Zeitzeugen überliefert.

den sollten. Leiter der Krippe wurde Pastor Mummsen. Schwestern des Bethanienordens – sie wohnten in der oberen Etage – betreuten die Kinder, deren jüngste nicht älter als 14 Lebenstage waren, die ältesten waren drei Jahre.

Die Krippe war an sechs Wochentagen in der Zeit von 7.00 bis 19.00 Uhr geöffnet. Doch die Frauen konnten ihre Kinder nur an den Tagen betreuen lassen, an denen sie zur Arbeit gingen, also nicht anderweitig beschäftigt oder krank waren, und sie mussten für die Betreuung bezahlen: wöchentlich 1,80 Mark für ein Kind und für ein Geschwisterpaar 3,00 Mark. Wie die Kinder betreut wurden ist nicht überliefert.

Bis zum Beginn des Zweiten Weltkriegs finden sich keine aussagefähigen Dokumente über den Betrieb der Kinderkrippe. Als die Nationalsozialisten die Macht übernahmen, schlossen alle privaten und kirchlichen Kinderbetreuungseinrichtungen in Hamburg ihre Pforten, um ihnen den Zugriff zu verwehren. Diese Maßnahme traf die Familien, die auf Kinderbetreuung angewiesen waren, zwar hart, bewahrte sie jedoch vor der faschistischen Erziehungs-Ideologie. Aussagen von Zeitzeugen belegen, dass das Haus zu dieser Zeit als Lazarett genutzt wurde, wozu es der Sanitärvorrichtungen wegen geeignet war.

Nach dem Ende des Zweiten Weltkriegs nahm die Stadt Hamburg den Betrieb der Kinderkrippe wieder auf. Am 17. Februar 1953 übernahm die Vereinigung die Einrichtung, damals als e.V. innerhalb der Hamburger Sozialbehörde organisiert. Heute ist die Vereinigung Hamburger Kindertagesstätten gGmbH ein Öffentliches Unternehmen der Freien und Hansestadt Hamburg in privater Rechtsform. Sie betreut mehr als 23.000 Kinder in 174 Kindertagesstätten und beschäftigt 3.000 pädagogische Fachkräfte. Mit ihrem dichten Netz an Einrichtungen ist sie in fast allen Teilen Hamburgs präsent. Das Angebot umfasst Betreuung für alle Kita-Altersstufen: Säuglinge und Kleinstkinder unter drei Jahren im Krippenbereich, Kinder von drei Jahren bis zur Einschulung im sogenannten Elementarbereich und Schulkinder – überwiegend Grundschulkinder – im Hort. Außerdem bietet die Vereinigung in mehr als 60 Kitas auch Betreuungs- und Fördermöglichkeiten für Kin-

der mit Behinderungen – teils in spezialisierten Behindertengruppen, überwiegend jedoch in integrativer Betreuung in Gemeinschaft mit nicht behinderten Kindern. Seit einiger Zeit ist sie auch in Schleswig-Holstein und in Niedersachsen mit ihrer Tochtergesellschaft »Vereinigung Kitas Nord gGmbH« vertreten.

Heute, im Jahre 2010, betreuen zwölf Erzieherinnen in der Krippe Tornquiststraße 75 Kinder im Alter von acht Wochen bis dreieinhalb Jahren in fünf Gruppen und arbeiten gruppenübergreifend. In der unteren Etage des Hauses sind zwei Gruppen mit 36 Kindern von 21 Monaten bis dreieinhalb Jahren untergebracht, betreut von fünf Erzieherinnen. In der oberen Etage gibt es drei Gruppen mit 39 Kindern von acht Wochen bis 21 Monaten, für die sechs Erzieherinnen zuständig sind.

Die gruppenübergreifende Arbeit hat sich bewährt, denn die Wahlmöglichkeiten der Kinder erweiterten sich dadurch enorm: Sie lernen andere Räume kennen, können an Angeboten anderer Gruppen teilnehmen und haben fünf bis sechs Erzieherinnen, die für sie da sind. Das ist ein großer Fortschritt, wenn man bedenkt, dass in der »klassischen« Gruppenarbeit lediglich zwei Erzieherinnen zur Verfügung stehen. Wie weit es diese Möglichkeiten nutzt, kann jedes Kind seinem eigenen Tempo entsprechend entscheiden.

Für die Erzieherinnen ist es entlastend, selbst bei Personalnotstand eine Kollegin an der Seite zu wissen. Darüber hinaus kommt es nicht zur Ballung konstant großer Kindergruppen, weil Phasen, in denen sich viele Kinder in einem Raum befinden, mit Phasen wechseln, in denen weniger Kinder da sind. Und nicht zuletzt: Die gruppenübergreifende Arbeit ermöglicht es den Kolleginnen, ihre Kompetenzen und Stärken einzusetzen. Nicht alle müssen alles können, sondern jede Kollegin hat ihr Fachgebiet, auf dem sie Expertin ist. Dies kommt den Kindern zugute.

Der rote Faden der pädagogischen Konzeption

Achtsamkeit, Respekt und die Zufriedenheit aller Beteiligten sind die Richtschnur unseres Handelns. Wir sind überzeugt, dass diese Haltung – umgesetzt in pädagogisches Handeln – Resilienz bei Kindern fördert und ihnen hilft, sich den Herausforderungen des Lebens zu stellen. Deshalb bemühen wir uns,

- Kindern und Erwachsenen die Möglichkeit selbstständiger Entscheidungen und Handlungen einzuräumen;
- Kindern und Erwachsenen zu ermöglichen, ihre Fähigkeiten zu erproben und sich auszudrücken. Dabei sind uns eigenaktive individuelle Leistungen und gemeinschaftliche Erfahrungen wichtig;
- Kinderfreundschaften zu fördern und wertschätzende Beziehungen zwischen Erwachsenen und Kindern sowie unter Erwachsenen zu fördern;
- Kindern und Erwachsenen Zuwendung zu geben;
- unsere Erfahrungen zu dokumentieren, zu präsentieren und sie immer wieder im Hinblick auf unsere Leitbegriffe – Achtsamkeit, Respekt und Zufriedenheit – zu reflektieren.

Unser pädagogisches Konzept, dessen Grundlage die genannten Leitbegriffe sind, wird von fünf thematischen Säulen getragen:

- ästhetische Bildung,
- Körperwahrnehmung,
- Psychomotorik,
- Musik,
- herausfordernde und anregungsreiche Raumgestaltung.

Im Folgenden begründen wir, warum wir uns für diese thematischen Säulen entschieden, und beschreiben, welche Rolle sie in der Praxis spielen. Gruppenübergreifendes Arbeiten erleichtert die Umsetzung unserer Leitgedanken in Praxis sehr.

Für die positive Entwicklung jedes Menschen ist die Erfahrung von Achtsamkeit und Respekt entscheidend. In dieser Überzeugung bestärkte uns die Lektüre von Gerhard Regels Buch »Plädoyer für eine offene Pädagogik der Achtsamkeit«[3]. Der Autor schreibt: »Wer wach mit seinen Sinnen anwesend ist, genau hinhört und hinsieht, wird offen und sensibel für Neues, selbst in vertrauten Situationen. Mit geschärfter Wahrnehmung nimmt er die Dinge so wahr, wie sie wirklich sind. ... Mit geschärfter Wahrnehmung bemerken wir Nuancen und Veränderungen. Es ist die Kunst, die feinen Unterschiede zu erkennen. Im Zustand der Achtsamkeit bleiben wir offen für alle Aspekte einer Situation. Sie ermöglicht uns, diese richtig zu lesen und angemessen darauf zu reagieren.«

In diesem Sinne bemühen wir uns immer wieder, Kindern, Eltern und unseren Kolleginnen Achtsamkeit entgegenzubringen, reflektieren unser Handeln und leiten daraus die nächsten pädagogischen Schritte ab. Die gleiche Haltung bestimmt unser pädagogisches Konzept und dessen Weiterentwicklung.

Respekt bedeutet für uns, einen Menschen anzuerkennen, ihm von Geburt an Autonomie zuzugestehen und ihn als gleichwertig anzusehen. Diesen Respekt bringen wir den Kindern entgegen, die wir betreuen. Wie er unsere Praxis prägt, beschreiben die »Zehn auf einer Philosophie des Respekts basierende Prinzipien«, die Janet Gonzales-Mena und Dianne Widmayer in ihrem »Curriculum für respektvolle Pflege und Erziehung«[4] aufstellten. Wir zitieren sie an dieser Stelle wörtlich – als Empfehlung für respektvolles Handeln gegenüber Kleinkindern:

Eine Konsequenz der Achtsamkeit und des Respekts Kindern gegenüber zeigt sich zum Beispiel darin, dass kein Erwachsener die Räume unserer

3 2006, S. 140f.
4 2008, S. 33f.

Zehn auf einer Philosophie des Respekts basierende Prinzipien

1. »Respektieren Sie Säuglinge und Kleinkinder als würdige Menschen. Behandeln Sie sie nicht wie Objekte oder niedliche kleine Menschen, die nichts im Kopf haben und manipuliert werden können.
2. Investieren Sie in Zeit von besonderer Qualität, in der Sie einzelnen Säuglingen oder Kleinkindern voll und ganz zur Verfügung stehen. Geben Sie sich nicht damit zufrieden, Gruppen zu beaufsichtigen, ohne sich (mehr als nur kurz) auf einzelne Kinder zu konzentrieren.
3. Lernen Sie die einzigartigen Kommunikationsformen eines jeden Kindes kennen (Schreie, Wörter, Bewegungen, Gesten, Gesichtsausdrücke, Körperstellungen) und vermitteln Sie Ihre eigenen. Unterschätzen Sie nicht die Fähigkeit von Kindern, zu kommunizieren, selbst wenn ihre verbale Sprachkompetenz vielleicht nicht vorhanden oder nur minimal ist.
4. Seien Sie hinsichtlich Ihrer Gefühle ehrlich, wenn Sie mit Säuglingen und Kleinkindern zusammen sind. Geben Sie nicht vor, etwas zu empfinden, das Sie gar nicht fühlen, oder etwas nicht zu empfinden, das Sie in Wirklichkeit fühlen.
5. Beteiligen Sie Säuglinge und Kleinkinder an Dingen, die sie betreffen. Arbeiten Sie nicht an ihnen vorbei und lenken Sie sie nicht ab, um die Aufgabe schneller zu erledigen.
6. Erkennen Sie Probleme als Lerngelegenheiten und lassen Sie Säuglinge und Kleinkinder versuchen, ihre Probleme selbst zu lösen. Erlösen Sie sie nicht, machen Sie ihnen nicht permanent das Leben leichter und versuchen Sie nicht, sie vor allen Problemen zu schützen.
7. Investieren Sie Zeit und Energie, um an der Entwicklung des vollständigen Menschen zu arbeiten (konzentrieren Sie sich auf das »ganze Kind«). Fokussieren Sie nicht allein auf die kognitive Entwicklung oder betrachten Sie diese nicht als etwas, das getrennt von der Gesamtentwicklung abläuft.
8. Kümmern Sie sich um die Qualität der Entwicklung in jeder einzelnen Phase. Drängen Sie Säuglinge und Kleinkinder nicht dazu, Meilensteine der Entwicklung zu erreichen.
9. Führen Sie das Verhalten, das Sie den Kindern beibringen möchten, modellhaft vor. Predigen Sie nicht.
10. Bauen Sie Sicherheit auf, indem Sie Vertrauen vermitteln. Vermitteln Sie nicht dadurch, dass Sie unzuverlässig oder häufig inkonsequent sind, Misstrauen.«[4a]

Krippe mit Straßenschuhen betritt. Es gibt im Eingangsbereich große Filzpantoffeln, die man über die Schuhe ziehen kann. So wird kein Schmutz in die Räume getragen, und die Kinder können nach Herzenslust auf dem Fußboden krabbeln.

Zufriedenheit aller Beteiligten als Qualitätskriterium der Arbeit

Uns ist wichtig, dass wir unsere grundlegende Haltung Menschen gegenüber in allen Beziehungen leben, die im System Krippe existieren. Demzufolge bemühen wir uns nicht allein, uns Kindern gegenüber wertschätzend zu verhalten, sondern auch gegenüber den Eltern, den Mitgliedern unseres Teams und im Verhältnis zwischen Leitung und Mitarbeiterinnen.

Uns ist wichtig, dass sich alle Beteiligten anerkannt fühlen, sich auf dieser Grundlage entwickeln können und dass das Gefühl von Zufriedenheit entstehen kann. Zufriedenheit fördert unseres Erachtens die psychische und seelische Gesundheit, die wir für alle Beteiligten anstreben. Sie entsteht, wenn Bedürfnisse erfüllt sind. Ist ein Kind oder ein Erwachsener unzufrieden, sehen wir es als unsere Aufgabe an, gemeinsam daran zu arbeiten, dass Zufriedenheit entstehen kann.

Die Bedürfnisbefriedigung aller Beteiligten ist eine weitere Grundlage unserer Arbeit. Damit meinen wir nicht, dass jeder jederzeit alles bekommt, was er möchte. Vielmehr verstehen wir Bedürfnisbefriedigung im Sinne des amerikanischen Humanpsychologen Abraham Maslow. Er entwickelte ein

4a Gonzalesz-Mena, Janet/Widmeyer, Dianne: Säuglinge, Kleinkinder und ihre Betreuung, Erziehung und Pflege. Arbor Verlag, Freiamt 2008

Bedürfnisbefriedigung der Kinder

Grundbedürfnisse: Freiheit, Schlaf, Nahrung, Wärme, Gesundheit

Entsprechend ihres Entwicklungsstandes und ihrer Möglichkeiten wird allen Kindern Freiheit zugestanden. Mit oder an den Kindern wird nichts »gemacht«, emotionale Wärme wird als Grundlage gewährt. Wir sorgen für eine gesundheitsfördernde Umgebung und Räume, die eine angenehme, vertrauenerweckende Atmosphäre ausstrahlen. Die Kinder bekommen Nahrung und Schlaf nach Bedarf. Sie können ihren eigenen Körper kennenlernen und ausprobieren.

Sicherheitsbedürfnisse: materielle und berufliche Sicherheit

Physische Sicherheit: Die Kinder werden vor Gefahren geschützt. Es werden ihnen Herausforderungen geboten, so dass sie ein eigenes Gefühl von körperlicher Sicherheit entwickeln können.

Psychische Sicherheit: Die Kinder erleben vertraute Personen, vertraute Räume, Rituale. Es gibt für die Kinder verstehbare Regeln, die mit allen Kolleginnen abgesprochen und akzeptiert sind, also nicht willkürlich von einzelnen Mitarbeiterinnen gehandhabt werden können. Es gibt eine Fehlerkultur, die Fehler als Möglichkeiten für Lernprozesse definiert. Die Kinder haben die Sicherheit, dass Konflikte »erlaubt« sind, thematisiert werden und dass zeitnah nach Lösungen gesucht wird. Die Kinder können sicher sein, nicht bloßgestellt zu werden.

Soziale Bedürfnisse: Freundschaft, Liebe, Zugehörigkeit

Die Kinder können sich als Gemeinschaft erleben, auch bei Aktivitäten außerhalb der Krippe. Sie können sich einer Gruppe von Kindern zugehörig fühlen. Familienmitglieder erleben Teile des Krippenalltags mit. Großeltern werden manchmal unterstützend in die Arbeit der Kolleginnen eingebunden, Eltern gestalten Sommerfeste mit. Die Kinder können Kinderfreundschaften schließen, erfahren Zuwendung und den Respekt ihrer Intimsphäre.

Ich-Bedürfnisse: Anerkennung und Geltung

Die Kinder erfahren die Wertschätzung Erwachsener durch die Anerkennung von Entwicklungsschritten und damit verbundener Leistungen. Sie erleben das Interesse an ihren persönlichen Situationen, die in den Alltag der Krippe einbezogen werden. Sie erleben die wertschätzende Dokumentation und Präsentation ihrer Arbeiten.

Selbstverwirklichung: Individualität, Talententfaltung, Erfahrung von Sinn

Jedes Kind hat die Chance, seine Stärken zu entwickeln und einzubringen. Jedes Kind kann – je nach Entwicklungsstand und Möglichkeiten – eigene Ideen einbringen und umsetzen. Die Kinder können in dem, was sie tun, einen Sinn entdecken, weil sie erste Erfahrungen von Selbstwirksamkeit machen können.

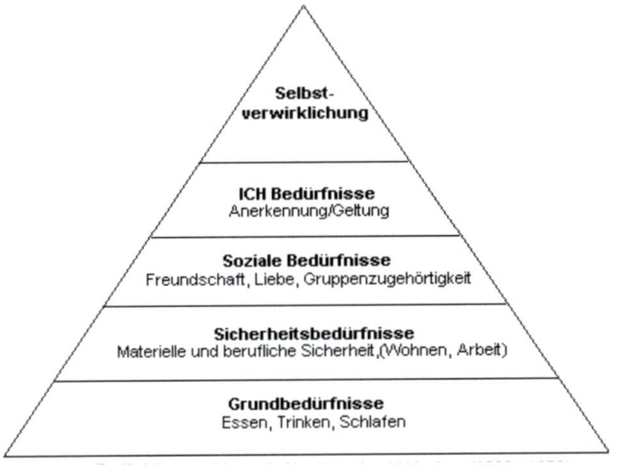

Bedürfnispyramide nach Abraham Harold Maslow (1908-1970)

Modell[5], das beschreibt, welche Bedürfnisse in welcher Rangfolge befriedigt sein müssen, damit seelische und körperliche Gesundheit entstehen können. Die Bedürfnisse, die in diesem Modell, einer Pyramide, benannt werden, bauen aufeinander auf. Dies entspricht auch unseren Erfahrungen und bildet sie treffend ab.

Eine Quelle unseres Erfolgs sehen wir darin, dass wir diese Erkenntnisse auf die Arbeit mit den Kindern und auf unsere Zusammenarbeit im Team übertragen.

Am Ende des Buchs äußern sich Kolleginnen[6] zu der Frage, warum sie gern in unserer Krippe arbeiten.

5 Bedürfnispyramide; 1943
6 Siehe Kapitel »Bedingungen für qualitätsvolle Betreuung von Kleinkindern«

Bedürfnisbefriedigung der Pädagogen

**Grundbedürfnisse:
Freiheit, Nahrung, Gesundheit**

Die Kolleginnen haben weitestgehende Freiheit in der pädagogischen Gestaltung ihres Alltags, wenn sie sich auf die Grundsätze unserer Konzeption beziehen. Für Pausenablösung ist gesorgt, damit die Kolleginnen in Ruhe ihre Mahlzeiten einnehmen können. Sie werden in der Krippe gegen ein Entgelt mit Nahrung versorgt. Das sorgt für ihr Wohlbefinden.
Gesundheit: Jede Kollegin hat einen für sie passenden Stuhl. Es gibt eine Anziehhilfe für die Kinder, Rücken schonende Arbeitsbedingungen und einen Stuhl in Erwachsenenhöhe mit Armlehne, damit der Arm beim Flaschegeben abgelegt werden kann.

**Sicherheitsbedürfnisse:
materielle und berufliche Sicherheit**

Jede Kollegin hat einen festen Arbeitsplatz. Es gibt klar abgesprochenen Regeln, die für alle Berufsgruppen gelten. Die Chance, aus Fehlern zu lernen, haben auch die Kolleginnen. Sie können sicher sein, dass Konflikte thematisiert werden dürfen, dass zeitnah nach Lösungen gesucht wird und dass sie nicht bloßgestellt werden.

**Soziale Bedürfnisse:
Freundschaft, Liebe, Zugehörigkeit**

Die Kolleginnen können sich als Gemeinschaft mit gleichen Zielen verstehen und sich bei Aktivitäten außerhalb der Krippen-Arbeit gemeinsam erleben. Es gibt eine offene Kommunikation. Familienmitglieder werden nach Möglichkeit unterstützend in die Arbeit der Kolleginnen eingebunden: als Grillmeister oder bei der Gestaltung von Sommerfesten. Die Kinder von Kolleginnen dürfen in den normalen Betrieb mitgebracht werden, Ehemänner von Kolleginnen unterstützen bei Gruppenreisen.

**Ich-Bedürfnisse:
Anerkennung und Geltung**

Erwachsene erfahren Wertschätzung, indem die Leitung ihre Arbeit anerkennt. Es ist selbstverständlich, dass Erkenntnisse und Erfahrungen aus Fortbildungen eingebracht werden. Für besonderes Engagement wird den Mitarbeiterinnen gedankt. Sie erleben Interesse an ihrer persönlichen Situation und erfahren Anerkennung durch Hospitationen und Nachfragen.

**Selbstverwirklichung:
Individualität, Talententfaltung, Erfahrung von Sinn**

Jede Kollegin hat die Chance, ihre individuellen Stärken und eigenen Ideen einzubringen, ihre Talente zu entfalten. Dadurch kann die Arbeit immer wieder verbessert werden, was zu einem hohen Maß an Befriedigung führt.

Die Betreuung sehr junger Kindern ermöglicht die Erfahrung sinnvollen Tuns: Es ist eine verantwortungsvolle und wichtige Arbeit, ein Kind auf dem Weg zum selbstbestimmten Menschsein zu begleiten. In den Beziehungen zu Kindern und Erwachsenen steht das eigene Menschenbild immer wieder auf dem Prüfstand.

Ihre Äußerungen bestätigen, dass Zufriedenheit erreicht wird, wenn Bedürfnisbefriedigung im zuvor genannten Sinne gegeben ist. Dies führt wiederum zu einer Praxis, die für alle Beteiligten – Kinder, Erzieherinnen und Eltern – im übertragenen Sinne wachstumsfördernd ist.

Die Eingewöhnung in der Krippe

Um Kindern bestmögliche Entwicklungschancen bieten zu können, sehen wir es als unsere wichtigste Aufgabe, die Anfangssituation in der Krippe für das Kind, die Eltern und die Erzieherin so zu gestalten, dass tragfähige Beziehungen entstehen und sich entwickeln können. Aus der Fachliteratur wissen wir, dass gelingende Bildungsprozesse stabile Bindungen voraussetzen.

In Gesprächen mit Eltern hören wir, wie schwer vielen von ihnen die erste längerfristige Trennung von ihren Kindern fällt. Gerade Mütter erleben wir häufig im Konflikt zwischen dem Wunsch, für ihre kleinen Kinder da zu sein, und dem Erfordernis der Berufstätigkeit. Die Eltern sollen wissen, dass dieser Konflikt ganz natürlich und ein Ausdruck der Liebe zum Kind ist. Sie können mit uns darüber sprechen.

Wir wissen, dass diese mitunter widersprüchlichen Gefühlslagen besondere Anforderungen an den Eingewöhnungsprozess stellen. Wir wissen auch: Wenn der Anfang stimmt, ist die Grundlage für eine langfristig vertrauensvolle Kooperation gelegt.

Für jedes kleine Kind ist die Aufnahme in eine Kindertagesstätte und die damit verbundene Trennung von den Eltern eine große Herausforderung und eine außergewöhnliche Erfahrung.

Doch schon das kleine Kind bringt Kompetenzen mit, um seine neue Umgebung wahrzunehmen und sie so mutig wie neugierig zu erforschen. Das gelingt, wenn es den Schutz seiner Bezugspersonen spürt und sich in einen »sicheren Hafen« zurückziehen kann, solange die Umgebung noch fremd ist.

Die Gewöhnung an neue Bezugspersonen, das Erlebnis der Begegnung mit anderen Kindern, die Orientierung in der neuen Umgebung und die Anpassung an den neuen Tagesablauf erfordern nach unserer Erfahrung von Kind zu Kind unterschiedlich viel Zeit. Wir geben jedem Kind die Zeit, die es braucht, um sich in die Krippe einzugewöhnen, und möchten jedem Kind ermöglichen, die Trennung von den Eltern positiv zu bewältigen.

»Das Annehmen und die Förderung der frühkindlichen Kompetenz und Autonomie hat eine positive Auswirkung auf die Transitionsgestaltung. Das Kind kann in diesem Falle die Phase so gestalten, dass der Übergang zum Wachstum und zur konstruktiven Weiterentwicklung der Persönlichkeit in einem sozialen und kulturellen Kontext beiträgt.«[7]

In der Zeit der Eingewöhnung ist in unserer Krippe jeweils eine Erzieherin für das Kind und seine Eltern zuständig. Schritt für Schritt baut sie – zunächst in Gegenwart der vertrauten Bezugspersonen – den Kontakt zum Kind auf und unterstützt es, seine

7 Griebel/Niesel, Beltz 2004, S. 151

neue Umgebung kennenzulernen und zu erforschen. Das Kind wird nicht bedrängt, sondern es hat die Zeit, die es braucht, um Vertrauen zu der neuen Bezugsperson aufzubauen und Sicherheit in der neuen Umgebung zu finden.

Ist dieser Eingewöhnungsschritt gelungen und das Kind genügend stabil, ziehen sich die Eltern für verabredete Zeiträume aus der Gruppe des Kindes zurück, sind aber noch in der Krippe präsent, um für das Kind da zu sein, wenn es plötzlich traurig wird. Diese Zeit währt so lange, bis das Kind sich ohne Eltern in der neuen Umgebung sicher fühlt.

Schließlich verlassen die Eltern für eine verabredete Zeit das Haus. In dieser Phase lernt das Kind, sich an seine Bezugserzieherin zu wenden, wenn es Zuspruch und Schutz braucht. Erst wenn es sich in der Gruppensituation stabil ausgeglichen verhält, kann es über die gesamte vereinbarte Betreuungszeit hinweg in der Kindertagesstätte bleiben.

Die Eingewöhnung ist ohne die Beteiligung und Bereitschaft der Eltern, sich auf einen längeren Zeitraum der Mitgestaltung einzulassen, nicht möglich. Zu Beginn und zwischendurch vereinbaren Erzieherin und Eltern das weitere Vorgehen. Unsere Erfahrungen zeigen, dass die Eingewöhnungszeit zwei bis vier Wochen währt. Auf diesen Zeitraum sind wir eingestellt – und die Eltern auch.

Das Ergebnis der Eingewöhnung: Kinder,

- die sich in der neuen Umgebung mit zunächst fremden Menschen eingelebt haben;
- die erlebt haben, dass sie in Trennungssituationen nicht allein gelassen wurden;
- die erlebt haben, dass es neben der Mutter und dem Vater Menschen gibt, die ihnen zugewandt sind und Sicherheit geben;
- die erlebt haben, dass es interessant und aufregend ist, mit anderen Kindern zusammen zu sein, Räume zu erforschen und anregende Spielmaterialien zu finden.

Durch die bewusst gestaltete Eingewöhnungsphase schaffen wir die Grundlage dafür, dass die Kinder gern in unsere Krippe, zu ihren Erzieherinnen und Freunden kommen. Wir beziehen uns bei unserem Vorgehen auf das Berliner Eingewöhnungsmodell.[8]

Lesetipp

Hans-Joachim Laewen, Beate Andres, Eva Hedervari
Ohne Eltern geht es nicht.
Die Eingewöhnung von Kindern in Krippen und Tagespflegestellen
Cornelsen Scriptor, Berlin/Düsseldorf 2006

Erziehungspartnerschaft mit Eltern

Eltern übergeben uns für einen Teil des Tages die Verantwortung für ihre Kinder. Sie haben das Recht auf gute Betreuung und Förderung der Kinder.

Im Aufnahmegespräch und während der Eingewöhnungszeit klären wir mit ihnen, wie wir unsere Rolle sehen: Wir sehen uns als diejenigen, die den Auftrag übernehmen, für die professionelle Betreuung, Bildung und Erziehung ihrer Kinder zuständig zu sein. Um diesen Auftrag zu erfüllen, möchten wir zu jedem einzelnen Kind eine Beziehung aufbauen, die die Eltern-Kind-Beziehung jedoch nicht ersetzen soll und kann. Wir verstehen uns als familienergänzende Institution.

Ist das ausgesprochen, sind viele Mütter und Väter erleichtert, beruhigt und erfreut. Wir finden es wichtig, mögliche Befürchtungen der Eltern zu thematisieren, um von Anfang an zu signalisieren, dass auch schwierige oder gefühlsbeladene Situationen mit uns besprochen werden können. Das trägt dazu bei, eine Atmosphäre der Offenheit zu schaffen.

Damit die Eltern das Gefühl von Sicherheit und Vertrauen entwickeln können, geben wir ihnen an jedem Elternabend möglichst viele Informationen über den Alltag ihrer Kinder in der Krippe: schriftlich, in Fotodokumentationen oder in Kurzfilmen – und zu unterschiedlichen Alltagssituationen der Kinder. Wenn sie möchten, können die Eltern nach Absprache mit den Erzieherinnen am Krippen-Alltag ihrer Kinder teilhaben.

Geht es um die Entwicklung der Kinder, verstehen wir uns nicht als diejenigen, die in jeder Situation wissen, was gut für jedes Kind ist. Dennoch sind wir pädagogische Fachkräfte, die ihre Fachgebiete beherrschen. Eltern hingegen sind Experten für ihre Kinder, denn sie kennen deren Vorlieben, Abneigungen, Kompetenzen und Besonderheiten.

8 Laewen, H.-J./Andres, B./Hedervari, E.: Ohne Eltern geht es nicht. Die Eingewöhnung von Kindern in Krippen und Tagespflegestellen. Cornelsen Scriptor, Berlin/Düsseldorf 2006

Wir wollen uns mit den Eltern über unsere und ihre Wahrnehmungen austauschen, um dem näherzukommen, was den Kindern gut tun würde. Also sind wir auf das Vertrauen der Eltern und ihre Informationen angewiesen, wenn wir die Beziehung zu ihren Kindern gut gestalten und pädagogisch professionell arbeiten wollen.

Wir sehen es als Bereicherung, unterschiedliche Wahrnehmungen auszutauschen und von der jeweils anderen Wahrnehmung zu lernen. Das erfordert die Bereitschaft, uns in die Situationen der Eltern einzufühlen, und die Fähigkeit, gleichzeitig unsere pädagogischen Grundsätze zu vertreten. Kurz: Der gegenseitige Informations- und Erfahrungsaustausch ist Voraussetzung für das Verstehen, Begleiten und Fördern kindlicher Entwicklungsprozesse.

Die Zusammenarbeit mit Eltern berührt unterschiedliche Ebenen und Aktivitäten. Sie entwickelt sich im Prozess, und wir sind dafür offen, Formen und Strukturen der Zusammenarbeit zu verändern, wenn beide Seiten es für erforderlich halten.

Tägliche Begegnungen mit Eltern

Am Morgen betreten Eltern und Kinder die Krippe durch den Kellereingang, weil sich unsere Küche im Keller befindet. Dadurch kommen sie gleich bei der Ankunft in Kontakt mit der Hauswirtschaftsleiterin und den Hausarbeiterinnen, die sie sonst kaum treffen würden. Das wäre schade, denn diese Kolleginnen sorgen für die Ernährung der Kinder und die Pflege des Hauses, spielen also eine wichtige Rolle im Krippen-Alltag. Auch für die Hauswirtschaftsleiterin und die Hausarbeiterinnen ist es sinnvoll, die Kinder und ihre Eltern, für die sie schließlich arbeiten, kennenzulernen.

Der weitere Weg führt Eltern und Kinder an einer gemütlichen Sitzecke und am Speiseplan vorbei. So können die Kinder gleich erfahren, was es zum Frühstück und zum Mittagessen gibt.

Jeden Morgen werden die Eltern in der Halle von sanfter Hintergrundmusik empfangen.

Mit Rücksicht auf krabbelnde Kinder ziehen sie ihre Straßenschuhe aus und gehen in die Gruppenräume, in denen sie von den Gruppenerzieherinnen begrüßt werden.

Nachmittags verlassen die Eltern die Krippe durch den Haupteingang.

Begrüßung und Abschied im Tagesablauf

Die Begrüßung ermöglicht die Kontaktaufnahme zu Kindern wie Eltern und ist entscheidend für einen gelungenen Einstieg in den Tag. Wir begrüßen die Ankommenden freundlich, denn wir wissen, dass die Trennung, die gleich bevorsteht, eine besondere Anforderung ist – oftmals verbunden mit Zeitdruck. Unser Ziel ist es, eine offene, freundliche und entspannte Begrüßungssituation zu schaffen. Die Eltern sollen sicher sein können, dass ihre Kinder gern in der Krippe bleiben, und sie sollen die Chance haben, den Bezugspersonen alle Informationen zu übermitteln, die für das Wohl der Kinder an diesem Tag nötig sind.

Wir heißen die Kinder willkommen und respektieren ihre Entscheidungen, wie sie den Tag beginnen wollen: im engen Kontakt mit der Erzieherin, im Spiel mit den Freunden oder mit einer selbstbestimmten Aktivität.

Wir beobachteten, dass es manchen Kindern schwer fällt, am Morgen gleich in die Gruppen zu gehen. Gern verweilen sie noch einen Moment in der Eingangshalle.

Ebenso ist es beim Abholen: Manche Kinder brauchen etwas Zeit, um sich aus den Gruppen zu lösen, sich von der Kita zu verabschieden und heimzugehen. Auch in dieser Übergangssituation bleiben sie gern noch einen kurzen Moment in der Halle.

Eine Zeitlang führte das zu Konflikten zwischen Eltern und Kindern. Die Eltern drängten ihre Kinder zum Mitkommen; die Kinder weigerten sich und wollten noch bleiben.

Wir zogen die Konsequenz aus diesen Beobachtungen und stellten einen Tisch in die Halle, so dass die Kinder sich noch kurz hinsetzen und etwas malen können, bevor sie sich verabschieden. Unsere Erfahrungen mit diesem »Übergangsort« sind positiv. Bring- und Abholsituationen entspannten sich.

Damit die Eltern ihren Kindern entspannt Jacken und Schuhe ausziehen können, stellten wir einen Stuhl in Erwachsenenhöhe in die Garderobe – neben einen Lichtwürfel mit LED-Beleuchtung. Der Stuhl wird nicht heiß, so dass die Kinder sich unbesorgt darauf setzen können und mit ihren Eltern fast auf gleicher Körperhöhe sind. So müssen sich die Eltern nicht bücken. Das entlastet ihre Rücken.

Den gleichen Effekt hat ein extra für diesen Zweck vom Tischler angefertigter Holzwürfel, der in der Höhe veränderbar ist: auf die Körpergröße von Eltern oder Kindern.

Die Abschiedssituation ist eine orientierende Erfahrung für Kinder und Eltern. Die Eltern möchten wissen, was ihre Kinder tagsüber erlebt haben, und sie haben das Recht auf Informationen, die ihre Kinder betreffen.

Der individuelle Abschied von jedem einzelnen Kind wird von uns ernst genommen – als Zeichen der Achtung vor seiner Person und als Symbol für den Abschluss des Krippen-Tages.

Informationsweitergabe an Eltern

Wir sorgen für die gute und reibungslose Weitergabe von Informationen, die für die Eltern wichtig sind.[9]

Gespräche mit Eltern

Zu allen Tageszeiten ist die Tür des Leitungsbüros geöffnet. Das signalisiert: Die Leitung steht den Eltern jederzeit für eine Information, eine Frage, eine Anregung oder Anmerkung zur Verfügung.

9 Siehe Kapitel »Transparenz schaffen«

Wir bieten den Eltern individuelle Elterngespräche an, in denen es um die Entwicklung ihrer Kinder geht. Jederzeit können Eltern und Erzieherinnen Gesprächsbedarf äußern, und ein Termin wird anberaumt. Mütter und Väter, die diesen Wunsch von sich aus nur selten äußern, sprechen wir an, um sie zu einem Gesprächskontakt zu ermuntern.

Natürlich können alle Eltern grundsätzlich davon ausgehen, dass die Gespräche vertraulich behandelt werden.

Übrigens: In unserer Eingangshalle hängt eine Zettellampe, auf der die Eltern uns etwas über ihre Kindern, ihre Wünsche und Erfahrungen aufschreiben können.

Regelmäßige und besondere Elternabende

Wir führen regelmäßig Elternabende zu Themen durch, die die Arbeit der Krippe betreffen und die von den Eltern gewünscht werden. Dabei haben Mütter und Väter die Möglichkeit, Materialien und Angebote, die wir den Kindern zur Verfügung stellen, selbst auszuprobieren.

Ein Mal im Monat laden zwei Kolleginnen aus dem Bereich »Musik und Kunst« die Eltern ein, mit ihren Kindern am Nachmittag in die Gruppe zu kommen. Sie singen mit den Eltern und Kindern oder machen Kreativangebote. Dies erhöht nicht nur die Transparenz unserer Arbeit, sondern ermöglicht es den Eltern auch, ihr eigenes Angebotsspektrum zu erweitern.

Elternmitwirkung

Wir unterstützen Elternbeiräte und Elternsprecher, weil dies die Mitwirkungs- und Mitbestimmungsrechte der Eltern in der Kindertagesstätte stärkt. Dankbar sind wir, wenn Eltern ihre Kompetenzen bei Aktivitäten innerhalb und außerhalb der Krippe einbringen, natürlich in Absprache mit uns. Ohne ihre Fähigkeiten und Fertigkeiten hätten wir bauliche Veränderungen der Kindertagesstätte in den vergangenen Jahren nicht in dem realisierten Umfang vornehmen können.

Die Krippe als Treffpunkt für Eltern

Wir unterstützen Begegnungen zwischen den Eltern im Alltag, soweit es unsere räumlichen und zeitlichen Kapazitäten zulassen. Es gibt eine gemütliche Elternecke, in der man auch in Fachbeiträgen oder -büchern schmökern kann. Feste für Kinder und Eltern sind für uns ein wichtiger Aspekt gemeinsamer Begegnungen.[10]

Großeltern

Viele Großeltern bringen oder holen ihre Enkelkinder ab. Sie werden von uns zu Festen oder Aktivitäten eingeladen und nehmen dies gern wahr. Manche von ihnen sind bereit, uns zeitweilig zu helfen, und unterstützen uns mit ihren Kompetenzen, zum Beispiel bei Maurerarbeiten.

Wenn wir den Eindruck haben, dass junge Mütter und Väter durch die Erziehungsvorstellungen ihrer eigenen Eltern oder durch deren Haltung der Krippe gegenüber unter Druck geraten, schlagen wir manchmal vor, diese Eltern in die Krippe einzuladen, damit sie sich selbst ein Bild machen und ihre Einstellungen überprüfen oder revidieren können. Wir haben oft erlebt, dass die Großeltern dieses Angebot gern annehmen. Ihre Bilder von der Krippe resultieren aus Erfahrungen, die schon viele Jahre

10 Siehe Kapitel »Traditionen, Feste, Feiern und Rituale«

zurückliegen. Vergleichen sie sie mit der Realität unserer Krippe, sind sie meist erstaunt und angenehm überrascht. Die schönen Räume und die freundlichen Erzieherinnen überzeugten selbst starke Zweifler von der Qualität unserer Krippenpädagogik. Das wirkte sich entspannend auf die Eltern und somit auch auf die Kinder aus.

Partizipation von Kindern unter drei Jahren

Partizipation heißt für uns, »Kinder an Entscheidungen, die ihr eigenes Leben und das der Gemeinschaft betreffen, zu beteiligen und gemeinsam Lösungen für Probleme zu finden«.[11]

Wir gehen davon aus, dass Kinder wie Erwachsene Partizipation erlernen können. Dazu muss man

- erkennen, was man will,
- ausdrücken, was man will,
- aushandeln, was man will.

Um Partizipation leben zu können, müssen Kinder und Erwachsene Zutrauen in ihr Handeln fassen, eine eigene Meinung entwickeln und sich einmischen – selbstverständlich mit Respekt vor den Wünschen und Bedürfnissen anderer Menschen. Das heißt, alle Beteiligten müssen in der Lage sein, eine andere Perspektive als die eigene einnehmen zu können.[12]

Um diese Entwicklungsschritte gehen zu können, brauchen Kinder Erwachsene, die sie beachten, ihnen zuhören und ihnen antworten. Sie brauchen die Teilhabe an Wissen und Information, damit sie mitentscheiden können. Das heißt für die Erwachsenen: Macht freiwillig abgeben und dennoch hohe Verantwortung tragen, denn »es genügt nicht, den Kindern Entscheidungsspielräume einzuräumen und sie dann damit allein zu lassen. Die Entwicklung notwendiger Partizipationsfähigkeiten muss aktiv unterstützt werden«.[13] Und es setzt voraus, dass die Erwachsenen

- Interesse am Tun der Kinder bekunden,
- bereit sind, Kindern reale Verantwortung zu übergeben und Abläufe zu unterbrechen.

Partizipation in der Krippe bedeutet für uns im Wesentlichen, Kindern in Alltagssituationen – zum Beispiel bei den Mahlzeiten, beim Wickeln, beim Schlafengehen und im Spiel – weitgehende Mitgestaltung zu ermöglichen, ihrer jeweiligen Entwicklung angemessen. Wie das in der Praxis aussehen kann, beschreiben wir in diesem Buch.

Partizipation muss im Dialog entwickelt werden. Also bemühen wir uns in der jeweiligen Situation, die nonverbalen oder verbalen Äußerungen der Kinder zu verstehen und entsprechend unserer im Team festgelegten Verhaltensweisen zu reagieren. Zeigt ein Kind zum Beispiel deutlich, dass es das Essen nicht probieren möchte, wird seine Willensbekundung akzeptiert – ohne wie auch immer geartete Überredungsversuche.

Wir sind uns der Gefahr bewusst, dass der Alltag in der Krippe durch allzu viele Regeln dominiert wird, die Kinder unnötig unter Druck setzen, ihnen Zeit und Gestaltungsspielräume rauben und sie im selbstbestimmten Spielen, Lernen und Arbeiten behindern. Deshalb messen wir die Notwendigkeit von Regeln und Routinen im Tagesablauf daran, ob sie einerseits dazu beitragen, den Kindern einen vertrauten und sicheren Orientierungsrahmen zu geben, und andererseits ihre Möglichkeiten zur Selbstbestimmung und Selbsttätigkeit stützen und fördern. Die Chancen der Kinder, selbstständig zu entscheiden und zu handeln, sind uns Richtschnur in der Gestaltung des Tagesablaufs.

Unsere Erfahrung ist, dass Kinder individuell unterschiedlich wechselnde Bedürfnisse nach Aktivität und Ruhe im Tageslauf haben. Deshalb ist es uns wichtig, dass sie lernen, sich selbst zu beobachten und ihre Bedürfnisse ausdrücken. Grundsätzlich haben die Kinder die Möglichkeit, sich jederzeit in eine Ruheecke zurückzuziehen. Auf der Grundlage unseres Raumkonzepts haben wir genügend Möglichkeiten dafür geschaffen.[14]

In den Aktivitätsphasen der Kinder ist es uns wichtig, dass sie zwischen Angeboten der Erwachsenen und dem, was sie selbst gerade interessiert oder fesselt, wählen können. Selbst kleine Kinder nutzen schon einen größeren Bewegungsradius im Haus, wenn man ihnen die Möglichkeit gibt. Wir unterstützen dieses Bedürfnis – ein Ausdruck von

11 Vgl. Richard Schröder in Hanse/Knauer/Friedrich 2006
12 Vgl. Erika Kazemi-Veizari: Partizipation – Hier entscheiden Kinder mit. Freiburg 1998
13 Aus: Rüdiger Hansen 2005, S. 5
14 Siehe Kapitel »Schlafen, Ruhen und Entspannung«

Selbstbestimmung – durch die Öffnung der Gruppen, allerdings nicht ohne den Blick darauf, was ein Kind in einer neuen Situation bewältigen kann.

Im Folgenden listen wir eine Reihe von Fragen zur Partizipation auf, die Sie im Team diskutieren und im Konsens beantworten sollten.

Partizipation bei den Mahlzeiten: Darf ein Kind selbst entscheiden,

- ob es essen will,
- wann es essen möchte,
- wo und in welcher Gemeinschaftsform es essen möchte,
- neben wem es am Tisch sitzen möchte,
- was es essen will: bei den Mahlzeiten geäußert oder als Wunsch für die Planung,
- ob es eine Alternative zum servierten Essen bekommt,
- ob es probieren möchte,
- wie und mit welchen Werkzeugen es essen möchte,
- wie lange es essen möchte,
- wie viel es essen möchte,
- ob es trinken möchte,
- was es trinken möchte,
- ob es nur den Nachtisch essen möchte,
- ob es sich an den Vorbereitungen zum Essen beteiligen möchte,
- ob es sich beim Abräumen beteiligen möchte.

Partizipation beim Schlafen: Darf ein Kind selbst entscheiden,

- ob es schlafen möchte,
- ob es sich an den Vorbereitungen für das Schlafengehen beteiligen möchte,
- wann es schlafen möchte,
- wo es schlafen möchte,
- wie (Kleidung, Bettzeug) es schlafen möchte,
- ob es allein oder neben einem anderen Kind schlafen möchte,
- ob es eine Einschlafhilfe (Schnuller, Kuscheltier) benutzt,
- ob eine Erzieherin es in den Schlaf begleitet,
- wie lange es schlafen möchte,
- ob es sich allein aus- und anziehen möchte.

Partizipation beim Trockenwerden: Darf ein Kind selbst entscheiden,

- wann es trocken werden möchte,
- ob es gewickelt werden möchte,
- wo es gewickelt werden möchte,
- wie es gewickelt werden möchte,
- von wem es gewickelt werden möchte,
- ob es eine Toilette benutzen möchte oder nicht,
- was es als Wechselkleidung anziehen möchte.

Partizipation in Spielsituationen: Darf ein Kind selbst entscheiden,

- womit es spielen möchte,
- mit wem es spielen möchte,
- wann es spielen möchte,
- wie lange es spielen möchte,
- wo es spielen möchte (drinnen, draußen, in der eigenen Gruppe, in einer anderen Gruppe, in einem Funktionsraum),
- wie es das Spielzeug nutzen möchte.

Partizipation in Angeboten und Projekten: Darf ein Kind selbst entscheiden,

- ob es teilnehmen möchte,
- welches Angebot es nutzen möchte,
- ob es überhaupt ein Angebot nutzen möchte,
- mit wem es teilnehmen möchte,
- wie lange es teilnehmen möchte,
- wie oft es teilnehmen möchte,
- ob es seine Entscheidung ändern möchte (sich zum Beispiel bei einem Ausflug auf dem Weg zum Bus gegen das Mitkommen entscheiden).

Wir finden es wichtig, dass im Team geklärt wird: Wie sorgen wir dafür, dass Kinder wirklich die Wahl haben?

Ein Beispiel: Wenn wir Kindern zugestehen, dass sie selbst entscheiden können, womit sie spielen möchten, müssen die Materialien so präsentiert werden, dass die Kinder sie sehen und wählen können.

In jeder Alltagssituation achten wir immer wieder auf einzelne Kinder. Die Befürchtung, dass alle Kinder wollen, was einem einzelnen Kind zugestanden wird, bestätigt sich in unserer Praxis nicht. Das mag daran liegen, dass wir die Bedürfnisse jedes einzelnen Kindes möglichst weitgehend beachten und befriedigen. Machen Kinder diese Grunderfahrung, besteht keine Notwendigkeit, in jeder Situation auch das zu bekommen, was ein anderes Kind kriegt.

Ein Beispiel: Ein kleiner Junge hatte beim Mittagessen eine Giraffe aus Gummi neben seinem Teller stehen. Während des Essens fütterte er die Giraffe, indem er sie mit dem Maul leicht ins Essen stupste. Er zeigte die Giraffe auch den anderen Kindern.

Über

Zutraen
↓
Zumutung
↓
Vertrauen

entwickeln sich Selbstständigkeit und Selbstbewusstsein.

Die nahmen die Situation interessiert wahr, aßen aber ungerührt weiter. Niemand äußerten den Wunsch, auch ein Tier füttern zu wollen. Nach dem Essen wischte der Junge der Giraffe der Mund ab, nahm sie mit in den Waschraum und danach mit zum Schlafen. Hätten wir dafür gesorgt, dass die Regel »Hier wird gegessen und nicht gespielt« durchgesetzt wird, hätte das Kind sein Spielzeug abgeben müssen, und es wäre wahrscheinlich ein heftiger Konflikt entstanden. Wir hätten als Bestimmer etwas durchgesetzt, ohne auf die konkrete Situation zu achten. Und alle Kinder hätten gelernt: Wer die Macht hat, setzt sich durch.

Die Fragen zur Partizipation ziehen manche Selbstverständlichkeiten oder Selbstherrlichkeiten Erwachsener in Zweifel. Im Wesentlichen geht es um die Haltung Kindern gegenüber, also darum, ihnen ihre Autonomie weitestgehend zuzugestehen und – im Abgleich mit den Interessen anderer Menschen – auszuhandeln, was in diesem Moment möglich ist.

Kindern etwas zutrauen und zumuten

Das Identitätsgefühl entwickelt sich in Abhängigkeit von den sozialen Erfahrungen des Kindes. Insofern sind die Verhaltensweisen der erwachsenen Bezugspersonen relevant.

Entscheidend ist, in welchem Maße ein Kind sich als kompetent und handlungsfähig erleben kann. Dafür braucht es Erwachsene, die ihm etwas zutrauen und zumuten.

Zumuten ist hier im doppelten Wortsinne gemeint. Einerseits bedeutet es für uns, Kindern Mut zu machen, etwas auszuprobieren. Andererseits bedeutet es, Anforderungen an Kinder zu stellen, Themen an sie heranzutragen, die sie aufgrund ihrer Vorerfahrungen nicht als Wünsche äußern können. Das heißt konkret: Wir wollen Kindern weitgehende Selbstständigkeit ermöglichen und sie auch Schwieriges ausprobieren lassen.

Wir trauen den Kindern zu, dass sie
- selbst entscheiden können, ob ihnen etwas schmeckt oder nicht, wie viel sie essen möchten, ob und wann sie müde sind;
- in Räumen mit verschieden hohen Bewegungsanforderungen unterschiedlicher Schwierigkeitsgrade die Anforderungen wählen, die sie bewältigen können;
- die Treppe allein hoch und runter krabbeln können;
- selbst einschätzen können, welche Höhen sie bewältigen;
- mit Kastanien, Bohnen, Knöpfen und Murmeln umgehen können;
- sich auch ohne kindertümelnde Abbildungen oder Bastelarbeiten entwickeln.

Wir muten Kindern zu, dass sie
- sich selbst einschenken;
- sich selbst Essen auftun;
- sich aus unterschiedlich komplexen Spielmaterialien diejenigen aussuchen, die sie benutzen können;
- aufräumen lernen;
- Gegenstände in dafür vorgesehene Kisten sortieren. Bei uns haben alle Dinge einen festen Platz, was den Kindern die Lösung dieser Aufgabe erleichtert;
- kleine Aufgaben erfüllen: zum Beispiel einem weinenden Kind den Schnuller geben, Spielzeug in die Nachbargruppe bringen, wenn die Tür geöffnet oder – eine Steigerung – geschlossen ist, so dass man anklopfen und warten muss, bis man hereingebeten wird;

- sich an Erwachsenentätigkeiten und Alltagsabläufen beteiligen: zum Beispiel beim Wäschezusammenlegen oder Tischdecken;
- bei Spaziergängen durch den Park mal entscheiden, wo es langgeht.

Wir haben Vertrauen, dass
- jedes einzelne Kind groß werden will. Also achten wir auf seine Entwicklungsimpulse und unterstützen sie gegebenenfalls durch Anforderungen, Herausforderungen, Aufgaben, Bestätigung und Ermunterung. Wir sehen es nicht als unsere Aufgabe, das Kind zu (er-)ziehen, weil wir wissen: Das Gras wächst nicht schneller, wenn man daran zieht;[15]
- jedes Kind ein soziales Wesen ist und die Bereitschaft zur Compliance[16] hat.

Zutrauen, Zumutung und Vertrauen tragen dazu bei, dass die Kinder immer selbstständiger handeln, auf ihre eigenen Fähigkeiten vertrauen und ein Bewusstsein von sich selbst entwickeln – das Selbstbewusstsein. Durch diese Erfahrungen werden sie schrittweise immer unabhängiger von uns Erwachsenen.

Lesetipps

Jutta Bauer
Schreimutter
Beltz und Gelberg, Weinheim/Basel 2000

Suzy Lee
Welle
Baumhaus Verlag, Frankfurt am Main 2008

Kleinkinder reisen

Einmal im Jahr unternehmen wir mit 13 bis 14 Kindern eine Gruppenreise über drei bis vier Tage. Dabei übernachten die Kinder oft das erste Mal nicht zu Hause und trennen sich länger als einen Tag von ihren Eltern.

Wir fahren mit den Kindern in ein kleines Haus im Wald. Von dort aus starten wir verschiedene Unternehmungen. Am ersten Tag erkunden die Kinder die Umgebung. Am zweiten Tag wandern wir zum Wildpark. Diese Wanderung kann bis zu 6,5 Stunden dauern, ohne dass die Kinder Mittagsschlaf machen

15 Afrikanisches Sprichwort
16 Bereitschaft zur Einhaltung von Regeln und Normen

oder warmes Mittagessen bekommen. Wir muten sie den Kindern zu, weil wir die Erfahrung gemacht haben, dass sie mit Ausdauer und Lust an der Bewegung dabei sind, unterwegs viele interessante Dinge entdecken und es genießen, sich dem Ziel langsam nähern zu können. Am dritten Tag unternehmen wir noch einen Erkundungsgang in die nähere Umgebung des Hauses. Sie bietet den Kindern Naturerfahrungen, die sie in der großstädtischen Umgebung der Krippe nicht machen können.

Damit das Unternehmen gelingt, führen wir zuvor einen Reise-Elternabend durch, auf dem wir alle wichtigen häuslichen Rituale und Besonderheiten der Kinder erfragen. Dazu gehört auch, dass die Eltern uns informieren, welche Bezeichnungen einzelne Gegenstände haben und wie die Kuscheltiere heißen. Das müssen wir wissen, um nachts so reagieren zu können, wie die Kinder es von zu Hause gewohnt sind.

Vor der Reise bereiten wir die Kinder auf das Erlebnis vor. Wir bitten die Eltern, mit ihnen oft über die bevorstehende Reise zu sprechen und die Koffer schon beizeiten hinzustellen, damit die Kinder ihre Sachen nach und nach einpacken können. In der Krippe finden kleine Rollenspiele statt, in denen die Kinder Koffer packen, die symbolisch in einen Bus geladen werden.

Am Reisetag bringen die Eltern ihre Kinder in die Krippe. Der Bus wird gemeinsam beladen, Kinder und Erzieherinnen steigen ein, die Eltern winken zum Abschied – und los geht's.

Für die Kinder ist diese Reise eine Herausforderung. Häufig erleben wir, dass ihr Selbstbewusstsein während der Reise auffällig wächst, wenn sie eine vertraute Erzieherin um sich haben, die ihnen Sicherheit und Zuwendung gibt.
Besonders wertvoll ist es für alle Beteiligten, dass wir auf der Reise viel Zeit haben – Zeit, die uns im Krippen-Alltag nicht zur Verfügung steht. Die Kinder können tun, wozu sie Lust haben, und wir können sie entspannt dabei beobachten. Manch ein Kind legt auf so einer Reise einen großen Entwicklungsschritt zurück.

Bei der Rückkehr ist es wichtig, dass die Eltern vor der Krippe stehen, wenn der Bus ankommt. Alle sind gespannt auf den Film, den die Erzieherinnen unterwegs gedreht haben, freuen sich darauf, die Erlebnisse noch einmal gemeinsam zu genießen, und manche Eltern staunen nicht schlecht, wozu ihre Kinder fähig waren.

Für die Kinder, die nicht mitfahren konnten, organisieren die Erzieherinnen eine Krippen-Übernachtung – auch ein spannendes und herausforderndes Erlebnis.

Lesetipps

Margret Rettich
Jan und Julie verreisen
Oetinger, Hamburg 1974

Oliver Regener
Wir reisen durch das ganze Land
CBJ Verlag, München 2008

Erzieherinnen als Entwicklungsbegleiterinnen

Von Anfang an sind Kinder aktiv, sie erschließen sich die Welt durch ihre Wahrnehmungen und Handlungen. Diese Eigenleistung ist die Grundlage ihrer Bildungsprozesse, die im sozialen Kontext stattfinden – in unserem Fall im Kontext der Krippe.

Grundlage der kindlichen Selbstbildungsprozesse ist der Dialog mit uns Erwachsenen und den anderen Kindern. Unsere Aufgabe sehen wir darin, zu jedem Kind eine sichere Bindung als Basis für gelingende Bildungsprozesse aufzubauen und seinen Forscherdrang anzuregen, um es zu neuen Bildungsprozessen herauszufordern. Kurz: Es ist unsere Aufgabe, die Entwicklung der Kinder zu unterstützen und zu begleiten. Dies tun wir, indem wir ihnen Erfahrungs- und Spielräume zur Verfügung stellen, in denen sie aktiv handelnd Erfahrungen machen können. Wir

gestalten für sie Gruppenbezüge, in denen sie Freundschaften schließen und gemeinschaftliche Erlebnisse haben. Wenn sie Unterstützung brauchen, Zuwendung, Trost oder Schutz suchen, sind wir für sie da.

Dieses Verständnis von Bildung setzt kontinuierliche Beobachtung voraus. Wir versuchen zu ergründen, was für die Kinder jeweils wichtig ist und in welche Richtung ihre nächsten Schritte führen, welche Lernthemen sie interessieren und welche Fragen für sie bedeutsam sind. Lösungen nehmen wir nicht vorweg, sondern eröffnen ihnen Möglichkeiten, selbst Antworten zu finden.

Kontinuierliche Reflexion im Team hilft uns, diesem Anspruch gerecht zu werden.

Lesetipp

Komako Sakai
So schön wie der Mond
Moritz Verlag, Frankfurt am Main 2005

Transparenz schaffen

Transparenz schaffen – dieser Leitgedanke findet sich sowohl in den Inhalten unserer Arbeit als auch in der Gestaltung der Räume wieder. Wenn alle Beteiligten wissen, was wir tun und warum wir es tun, kann jeder sich ein Bild von den Abläufen in der Krippe machen.

Transparenz der Arbeit entsteht, wenn wir dokumentieren, was wir tun. Wie die reggianischen Pädagogen verstehen wir die »Dokumentation als Beginn einer öffentlichen Diskussion über Erziehung«. Alle Beteiligten sollen Einblick in den pädagogischen

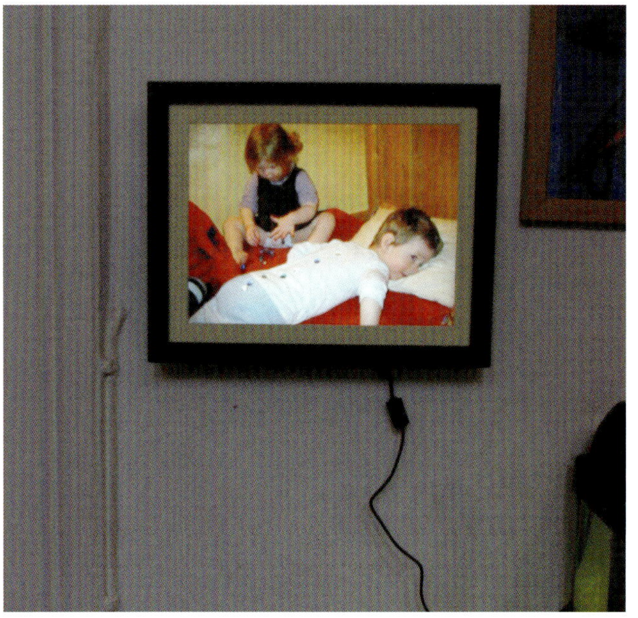

Alltag gewinnen, um nachvollziehen und verstehen zu können, was geschieht. Dies trägt zur fundierten Meinungsbildung bei und schafft die Grundlage für Beteiligung und Mitbestimmung.

Außerdem machen wir deutlich, dass wir mit allen Beteiligten diskutieren möchten, wie wir unseren Bildungsauftrag erfüllen. Wir tauschen uns im Team, mit den Eltern und mit anderen Institutionen oder Berufsgruppen aus und reflektieren die Ergebnisse. So wird Transparenz zum Multiplikator, ermöglicht es, von anderen Menschen zu lernen, und wirkt dadurch wie eine vertrauensbildende Maßnahme.

Die Erfahrungen, Erlebnisse und Arbeiten der Kinder werden bei uns dokumentiert und präsentiert: mündlich, schriftlich, mit Fotos, Videos oder im digitalen Bilderrahmen, den wir täglich mit neuen Fotos bestücken. Dokumentationen unserer Arbeit werden im Haus und außerhalb ausgestellt. So erhalten die Eltern und andere Interessierte Einblick in unsere Arbeit.

Wenn wir die Arbeiten der Kinder präsentieren, hängen wir ihre Fotos neben die Werke, damit alle Kinder wissen, wer was gemacht hat, obwohl sie noch nicht lesen können.

Fotos nutzen wir, um Erwachsene und Kinder besondere oder alltägliche Ereignisse nacherleben zu lassen. Wir stellen Fotoserien zusammen, die Abläufe oder Entstehungsgeschichten zeigen, Entwicklungsschritte oder Lösungswege, die die Kinder für bestimmte Probleme fanden. Mit Fotos dokumentieren wir, welche Angebote und Projekte durchgeführt wurden, und nutzen solche Dokumentationen gern als Grundlage für Elterngespräche.

Naht die Abholzeit, wird der digitale Bilderrahmen bestückt, der in unserer Eingangshalle hängt. So können die Eltern noch am gleichen Tag nachvollziehen, was ihre Kinder gemacht haben und wie es ihnen erging. Dies erleichtert die Kommunikation zwischen Eltern und Kindern. Erzählen die Kinder, was sie am Tag erlebt haben, können die Eltern sie mit Hilfe der Fotos besser verstehen und differenzierter auf sie eingehen. Und die Kinder haben viel Vergnügen daran, sich die Bilder immer wieder anzuschauen.

Manchmal fotografieren wir auch die Eltern, zum Beispiel beim Elternabend. Mit diesen Fotos bestücken wir den digitalen Bilderrahmen ebenfalls gern, und die Kinder freuen sich, wenn sie die Fotos am nächsten Tag angucken können.

Seit Jahren kommen keine Fotografen mehr in unser Haus, weil sie fremd sind und manchmal unsensibel mit den Kindern umgehen oder keinen Zugang zu ihnen finden. Häufig sehen sie lediglich Objekte in den Kindern – und dementsprechend wirken die gestellten Fotos. Wir legen Wert auf authentische, im Krippen-Alltag entstandene Fotos von den Kindern. Solche Fotos ersetzen übrigens die vielfach gewünschten, selbst gebastelten Geschenke zu Ostern oder Weihnachten aufs Schönste.

Wir arbeiten häufig mit der Videokamera, weil Filmsequenzen aussagekräftiger sein können als Fotos und die Sprache Situationen verständlicher macht. Da Videoaufnahmen den Kontext zeigen, kann man die gefilmte Situation besser reflektieren und unterschiedliche Wahrnehmungen diskutieren.

Regelmäßig nehmen zwei Kolleginnen aus verschiedenen Gruppen die Kinder in unterschiedlichen Phasen des Tages auf, zum Beispiel bei Angeboten, beim Essen, beim Spielen oder Schlafen.

Zu folgenden Gelegenheiten werden die Aufnahmen mit der Videokamera eingesetzt:

- Elternabende;
- Entwicklungsgespräche mit Eltern;
- um die Eingewöhnung zu dokumentieren;
- Dienstbesprechungen;
- Teambesprechungen;
- Studientage;
- zur Dokumentation, Präsentation und Reflektion der Arbeit.

In Gesprächen mit Eltern schaffen wir Transparenz, indem wir unsere Wahrnehmungen und Beobachtungen über die Entwicklung ihrer Kinder offenlegen. Die Gespräche finden auf Wunsch der Eltern oder der Erzieherinnen statt, das erste Gespräch kurze Zeit nach der Eingewöhnung und alle auf der Grundlage der von uns ausgefüllten Beobachtungsbögen.[17]

In den Gesprächen vermitteln wir den Müttern und Vätern,

- wie ihre Kinder sich verhalten;
- was sie gern mögen;
- welche Freundschaften sie haben;
- wie die Beziehungen zu den Erziehrinnen sich gestalten;
- welche Themen die Kinder beschäftigen;
- welche Entwicklungsschritte die Kinder in der letzten Zeit gemacht haben;
- wo Unterstützung notwendig ist.

Durch diese Hinweise machen wir unsere Haltung gegenüber Kindern und unsere Erziehungsvorstellungen transparent. Dies ermöglicht den Dialog mit den Eltern. Bei Bedarf können sie bezüglich ihrer Kinder Beratung in Anspruch nehmen. Im Aufnahmegespräch, während der Eingewöhnung und bei Besuchen vermitteln wir Einblick in unsere Arbeit.

Die Kitaleitung und die Hauswirtschaftsleiterin signalisieren stets Gesprächsbereitschaft, denn die Türen zu ihren Büros stehen meist offen.

Im Eingangsbereich der Krippe stellt sich das Team den Besuchern auf Fotos vor.

Für Transparenz sorgen auch ein Flyer und die schriftliche Konzeption, in der wir unsere Arbeit beschreiben und begründen. Wir pflegen Kontakt zu benachbarten Institutionen, nutzen die Turnhalle der Schule und kooperieren mit Kita-Teams, die die Anschlussbetreuung unserer Kinder übernehmen. In Fortbildungen und Arbeitskreisen tauschen wir uns über unsere Arbeit aus.

Auf großes Interesse stößt unsere Krippe bei nationalen und internationalen Besuchergruppen. Gern führen wir sie nach Anmeldung durchs Haus und beantworten ihre Fragen.

Für Transparenz in den Räumen sorgen Glasscheiben, die Einsicht in unsere Arbeit gestatten.

Den Kindern ermöglichen wir, fast von jedem Punkt im Raum Sichtkontakt zu einem Erwachsenen oder einem anderen Kind zu haben. Einblicke und Durchblicke in den Wänden der Spielebenen schaffen die Gewissheit, bei Bedarf schnell jemanden zur Seite zu haben.

17 Siehe Anhang

Bildung als Aneignung von Welt

Wir verstehen Bildung als aktiven Prozess jedes einzelnen Kindes, in dem es seine Umwelt mit seinen Sinnen wahrnimmt und diese Wahrnehmungen verarbeitet. Beziehung und Bindung sind Grundlagen für kindliche Bildungsprozesse.[18]

Kinder geben dem, was sie erleben, den Erfahrungen, die sie machen, Bedeutung und Sinn. Welche Bedeutung und welcher Sinn das sein wird, das hängt auch von uns Erwachsenen und den Kindern ab, die eine Situation mitgestalten.

Bildung ist immer mit Emotionen verbunden. In einer Situation, in der ein Kind lustvoll mit Dingen hantiert und experimentiert, wird sein Bildungsprozess nachhaltiger sein, als in einer Situation, in der es sich eher freudlos mit dem beschäftigt, was die Erzieherin sich vorher für das Kind ausgedacht hat. Lust am Lernen schließt ein, sich anzustrengen, Frustrationen auszuhalte sich mit neuem Mut Ziele zu setzen. Lernen Kinder mit Frustrationen umgehen, lassen sie sich dadurch nicht entmutigen, wird ihnen das im späteren Leben immer wieder von Nutzen sein.

Für ihre Selbstbildungsprozesse brauchen Kinder den Dialog mit Erwachsenen und mit anderen Kindern. Sie brauchen das Gefühl von Wirksamkeit. In diesen Prozessen spielen andere Kinder eine große Rolle als Ko-Konstrukteure. Das heißt, sie initiieren und regen Prozesse an, indem sie zur Nachahmung und zum Mitmachen auffordern. Sie verbinden ihre Ideen und Interpretationen, konstruieren gemeinsame Weltbilder.

18 Siehe Kapitel »Eingewöhnung in der Kita«

Für gelingende Bildungsprozesse stellen wir den Kindern anregungsreiche Erfahrungsräume und Spielmaterialien zur Verfügung. Wir beobachten die Kinder und greifen ihre Interessen oder Themen auf, bieten ihnen neue Themen zur Auseinandersetzung an und ermöglichen auf diese Weise weitere Bildungsprozesse.[19]

Die Bildungsprozesse der Kinder unterstützen wir durch

- das Erleben von Freiraum;
- die Erfahrung von Vertrauen;
- die Erfahrung von Zuwendung, Zärtlichkeit und Körperkontakt;
- die Erfahrung, ernst genommen zu werden;
- die Erfahrung psychischer Sicherheit;
- die Erfahrung, dass auf ihre Bedürfnisse eingegangen wird;
- die Möglichkeit zu vielfältigen Kontakten;
- die Möglichkeit zu vielfältigen Sinneserfahrungen;
- die Erfahrung, Zeit zum Ausprobieren und Wiederholen zugestanden zu bekommen;
- Zeit und Aufmerksamkeit, die die Erzieherinnen jedem Kind zuwenden.

Im Folgenden zeigen wir Bilderserien der (Selbst-) Bildungsprozesse von Kindern, die wir einzelnen Bildungsbereichen zuordnen. Natürlich wissen wir, dass diese Zuordnung einschränkt, denn im Sinne ganzheitlichen Lernens umfassen Bildungsprozesse immer mehrere Bildungsbereiche gleichzeitig.

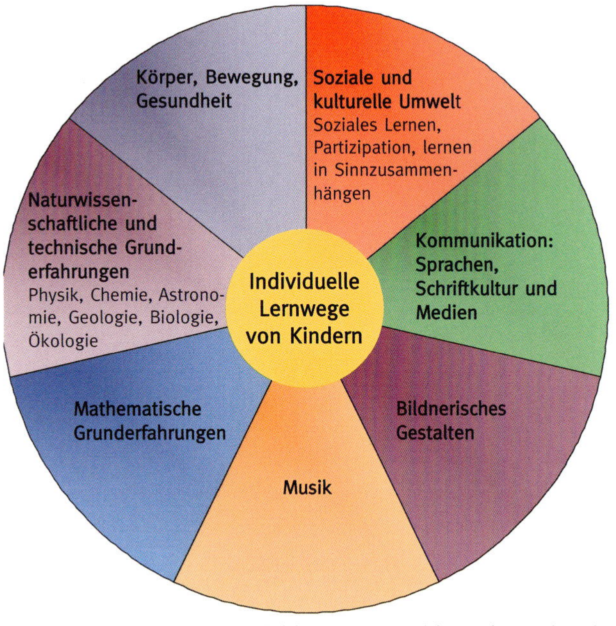

Hamburger Bildungsempfehlungen 7 Bildungsbereiche für die Kita-Arbei (Quelle: Vereinigung Hamburger Kitas)

Bildungsbereich Körper, Bewegung, Gesundheit

Was uns in diesem Bildungsbereich leitet:

Jedes Kind benötigt für seine gesunde körperliche und geistige Entwicklung regelmäßige Bewegungsanreize. Diese Bewegungsangebote sollen sich nicht nur auf das Spiel im Freien beziehen, sondern auch durch anregende Raumgestaltung im Innenbereich ermöglicht werden.

Bildungsbereich Soziale und kulturelle Umwelt

Was uns in diesem Bildungsbereich leitet:

Maria Montessoris Satz »Hilf mir, es selbst zu tun« bestimmt unser Handeln. Wir stärken die Stärken der Kinder und schätzen die Persönlichkeit jedes

19 Vgl. van Dieken 2008, S. 44-47

Kindes. Wir trauen Kindern etwas zu und ermutigen sie, eigene Lösungswege zu finden. Dabei macht humorvoller Umgang vieles leicht.

Wir gehen respektvoll mit Kindern um, hören ihnen zu und nehmen ihre Bedürfnisse ernst. Wir suchen Kompromisse und sind bereit, nachzugeben. Durch klar formulierte und begründete Grenzen geben wir den Kindern Sicherheit.

Positive Verhaltensweisen der Kinder im Alltag heben wir hervor, so dass Schwieriges in den Hintergrund rücken kann. Wir geben Körperkontakt und lassen Nähe zu.

In Konfliktsituationen unter Kindern greifen wir nicht sofort ein, sondern tun das erst dann, wenn wir den Eindruck haben, dass Kinder mit einer Situation überfordert sind. Wir trauen den Kindern zu, selbst Lösungsmöglichkeiten zu suchen und zu finden.

Lesetipps

Eve Thalet und Michael Neugebauer
Die schöne Schelly
Knister Verlag, Bargteheide 2009

Miriam Koch
Fiete Anders
Gerstenberg, Hildesheim 2009

Bildungsbereich Kommunikation

Was uns in diesem Bildungsbereich leitet:

Kommunikation ist ein Grundbedürfnis jedes Menschen. Wir suchen den nonverbalen und verbalen Dialog mit den Kindern. Wir versuchen, ihre Signale zu verstehen und ihre Bedürfnisse zu befriedigen. Gleichzeitig vermitteln wir den Kindern Stimmungen und spiegeln ihnen ihre Gefühle. Wir schaffen eine kommunikationsfördernde Umgebung.

Lesetipps

Isabel Pin
Ein Regentag im Zoo
Bajazzo, Zürich 2006

Otfried Fischer, Anita Jeram und Sam McBratney
Woaßt du iabahapts wia gern dass i di mog?
Sauerländer, Düsseldorf 2005

Udo Weigelt und Melanie Freund
Wenn der wilde Wombat kommt
Neugebauer Verlag, Bargteheide 2001

Michael Ende und Bernhard Oberdieck
Der Teddy und die Tiere
Thienemann Verlag, Stuttgart 2007

Bildungsbereich Bildnerisches Gestalten

Was uns in diesem Bildungsbereich leitet:

Wir unterstützen und fördern die Kreativität und Fantasie der Kinder von Anfang an. Jedes Kind kann auf seine Weise etwas tun. Wir bieten – je nach Alter – unterschiedliche Materialien an, und die Kinder können verschiedene Techniken erproben und erlernen. Wir dokumentieren und präsentieren die Arbeiten der Kinder wertschätzend. Das heißt, wir stellen die Arbeiten aus und besprechen sie.

Bildungsbereich Musik

Was uns in diesem Bildungsbereich leitet:

Die Kinder erleben Musik in ihrer vertrauten Umgebung, denn wir machen ihnen vielfältige Angebote. Alle Instrumente sind für die Kinder zugänglich, werden also an sichtbaren Plätzen aufbewahrt.

Bildungsbereich Mathematische Grunderfahrungen

Was uns in diesem Bildungsbereich leitet:

In Alltagssituationen erfahren die Kinder erste mathematische Zusammenhänge und lernen mathematische Begriffe kennen, zum Beispiel:

- der Ball ist groß – klein (Erfahrung unterschiedlicher Größen);
- der Ball ist schwer – leicht (Spüren unterschiedlicher Gewichte);
- der Stock ist kurz – lang (Wahrnehmung von Maßen);
- der Becher ist voll – leer/es ist viel – wenig drin (Kennenlernen von Mengen);
- der Ball ist rund, der Würfel ist eckig (Benennung unterschiedlicher Formen);
- vorn – hinten, oben – unten (Orientierung im Raum).

Lesetipp

Barbara Nasambeni
Alle einsteigen
Hammer, Wuppertal 2007

Bildungsbereich Naturwissenschaftliche und technische Grunderfahrungen

Was uns in diesem Bildungsbereich leitet:

Bei Ausflügen in die Umgebung der Krippe und in die Natur können die Kinder Naturerfahrungen machen. Naturwissenschaftliche und technische Erfahrungen ermöglichen wir ihnen schon früh im täglichen Tun. Sie festigen sich durch vielfache Wiederholungen.

Wir unterstützen die natürliche Lern- und Experimentierfreude der Kinder liebevoll und geduldig und fördern sie durch geeignete Materialien. Die Kinder können bei uns mit technischem Werkzeug – Hebel, Stange, Waage, Magnet – umgehen.

Räume bilden: der Raum als dritter Pädagoge

Die Gestaltung der Räume hat für unsere pädagogische Arbeit große Bedeutung, denn wir wollen den Kindern vielfältige Spiel- und Bewegungsmöglichkeiten bieten.

Uns ist ästhetische Raumgestaltung wichtig. Dabei achten wir bewusst auf die Gestaltung der Fenster, den Lichteinfall und die Transparenz.

Die räumliche Struktur unseres Gebäudes, eine Stadtvilla, konfrontiert uns mit mancherlei Einschränkungen. So gibt es keine Nebenräume, die für Kleingruppenaktivitäten, als Rückzugsmöglichkeiten der Kinder oder für besondere Schwerpunkte in der pädagogischen Arbeit heute unerlässlich sind. Aber unsere Räume sind sehr hoch. Dies gestattete uns, nach und nach in allen Gruppenräumen eine zweite und teils sogar eine dritte Spiel- und Bewegungsebene einzubauen – in Eigeninitiative, also mit Beteiligung der Mitarbeiterinnen und Eltern. So gewannen wir nicht nur zusätzlichen Raum, sondern konnten den Kindern Spiel-, Bewegungs- und Rückzugserfahrungen ermöglichen, die sie normalerweise nicht in Räumen vorfinden.

Bei den Ebenen handelt es sich um »Erfahrungslandschaften« in verschiedenen Höhen, erreichbar über Leitern, Treppen und Brücken, versehen mit kleinen Balkonen, Nestern, Höhlen und Gucklöchern. Kinder unterschiedlichen Alters können in diesen Bewegungs- und Spiellandschaften klettern, schaukeln, rutschen, laufen, kriechen und sich verstecken. Sich den Raum auf diese Weise und aus unterschiedlichen Perspektiven zu erschließen, das ist für sie ein aufregendes Erlebnis. Dazu gehört auch das Ertasten und Erspüren verschiedener naturbelassener Holzbodenbeläge und Materialien wie Kork, Metall und unterschiedliche Teppichbodenbeläge. Höhlen, Ecken und Nischen geben Gelegen-

heit, sich zurückzuziehen, unbeobachtet zu spielen und bieten Platz für Rollenspiele.

Solche Erfahrungs- und Spielräume stehen den Kindern nicht nur im Gebäude zur Verfügung. Das Konzept setzt sich im Außengelände fort.

Jüngere Kinder führen wir einfühlsam an die Landschaften heran und ermöglichen ihnen, die Dinge selbst zu erforschen und auszuprobieren. Wir beobachten, dass ihre motorische Sicherheit dabei zunimmt, was sich positiv auf ihre Persönlichkeitsentwicklung auswirkt.

In einem Gruppenraum gibt es eine Freitreppe, die kein Geländer zum Festhalten hat. Sie zu begehen ist zwar eine Herausforderung für die Kinder, aber sie eignet sich wunderbar als Treffpunkt zu gemeinschaftlichen Aktivitäten, zum Beispiel zum Ansehen von Bilderbüchern.

Alle Räume bieten Möglichkeiten des Perspektivwechsels. Das heißt, ein Kind kann sich etwas von oben, von unten, von hinten, von vorn, durch farbiges Plexiglas oder einen Ausschnitt in der Holzwand einer Spielebene ansehen. Wir achten darauf, dass das Kind von jedem Ort im Raum einen Erwachsenen oder ein anderes Kind sehen kann. Das gibt ihm Sicherheit.

Bei der Gestaltung der Räume ist uns wichtig,

- dass angenehmes Licht für eine gemütliche Atmosphäre sorgt;
- dass Raumteiler den Raum in kleinere Spielbereiche gliedern;
- dass Stoffe die Regulierung des Lichteinfalls ermöglichen;
- dass Teppichböden, Felle und Kissen als angenehme Unterlagen zur Verfügung stehen;
- dass verschiedene Bewegungsmöglichkeiten vorhanden sind;
- dass es Kuschel- und Rückzugsbereiche gibt;
- dass Klapptische vorhanden sind und bei Bedarf genutzt werden können;
- dass die Betten nur zur Schlafenszeit sichtbar sind;
- dass bei Bedarf Musik zur Entspannung genutzt werden kann;
- dass nicht zu viel Spielzeug als Dauerangebot vorhanden ist, sondern stetiger Austausch erfolgt;
- dass den Kindern gezielt Material zur Verfügung gestellt wird;
- dass Ordnung herrscht: gemeinsames Aufräumen, wenn ein Spiel beendet ist;
- dass es Staumöglichkeiten für Materialien gibt, die nicht dauerhaft genutzt werden. Die Stau-

möglichkeiten sind so angelegt, dass das Material unsichtbar ist, um nicht abzulenken;
- dass verschiedene Tastmaterialien an Wänden und auf Podesten jederzeit verfügbar sind;
- dass viele Spiegel in Kinderhöhe in den Räumen hängen.

Wir geben den Kindern die Möglichkeit, Themen, mit denen wir uns beschäftigten, im Raum als Erfahrungsmöglichkeiten wiederzufinden – zum Beispiel eine Höhle, in der sich ein Strohsack befindet. Diese Höhle entstand nach dem Besuch eines Bauernhof-Museums, bei dem die Kinder ausprobierten, wie es sich auf Strohsäcken in Alkoven liegt. Weil das den Kindern Freude machte, ließen wir später den Kinderalkoven in einer Gruppe bauen.

Auch die reale Umwelt – ein »Hamburger Fenster«, das die Kinder auf Ausflügen sehen können – finden sie in ihrem Raum wieder.

Lesetipp

Angelika von der Beek
Bildungsräume für Kinder von Null bis Drei
verlag das netz, Weimar/Berlin 2007

Starke und gesunde Kinder

Kinder, die ein positives Selbstbild entwickeln können, haben eine gute Grundlage, starke und gesunde Kinder zu sein. Wenn sie anerkannt und bestätigt werden, können sie ein positives Selbstbild aufbauen, auf dessen Grundlage sie alle weiteren Entwicklungsaufgaben lösen werden.[20] Erleben sie Zugehörigkeit, machen Kinder erste wichtige Erfahrungen in der Gemeinschaft. Selbstvertrauen kann sich entwickeln, wenn Kinder merken, dass sie etwas bewirken können. Weil wir um diese Zusammenhänge wissen, ist uns die wertschätzende Beziehungsgestaltung zu den Kindern besonders wichtig.

Starke und gesunde Kinder können Gefühle wahrnehmen – bei sich wie bei anderen Menschen – und sie ausdrücken. Sie lernen das im Dialog mit den Bezugspersonen und mit anderen Kindern.

Wird ein Kind geboren, sind Basisemotionen wie Freude, Kummer und Ekel bereits vorhanden. Im Zusammenspiel mit den Bezugspersonen nimmt das Kind unterschiedliche Reaktionen auf eigene Verhaltensweisen wahr und lernt, seine Gefühle zu differenzieren. Darauf reagieren wiederum die Erwachsenen, und in diesem Wechselspiel differenzieren sich die Gefühle weiter.

Ein Kind braucht also Erwachsene, die feinfühlig reagieren und selbst in der Lage sind, Gefühle differenziert wahrzunehmen und auszudrücken. Weil wir das wissen, bemühen wir uns darum, Signale von Kindern zu verstehen und auf sie zu reagieren. Damit schaffen wir eine Grundlage, dass Kinder ihre Persönlichkeit entwickeln können.

In der Persönlichkeitsentwicklung nimmt das Spiel einen wichtigen Platz ein. Im Spiel sammeln Kinder Wissen über sich und gestalten ihr Verhältnis zur Umwelt. Lustvoll erproben sie im ersten Lebensjahr die eigenen körperlichen Fähigkeiten und hantieren mit Gegenständen, deren Eigenschaften und Funktionen sie erforschen. Diese sensomotorischen Aktionen sind die erste Form des Spielens.

Im ersten Lebensjahr entwickelt sich die Fähigkeit des Greifens, die im Spiel besonders gut erprobt und differenziert werden kann. Da sich in dieser Zeit auch das Wissen um die Objekt- und Personenpermanenz entwickelt – also das Wissen darüber, dass eine Person oder ein Gegenstand auch dann noch existiert, wenn das Kind sie oder ihn nicht mehr sieht – erproben die Kinder diese Erkenntnis gern im Spiel. Sie lieben es, sich selbst oder Dinge zu verstecken, sie einzuwickeln und wieder auftauchen zu lassen.

Im zweiten Lebensjahr beschäftigen sich die Kinder gern damit, Dinge

- zu stapeln,
- zu transportieren,
- ein- und auszuräumen,
- ineinander zu stecken.

Zunehmend nutzen die Kinder Dinge entsprechend ihrer Funktion: mit einem Stift wird gemalt, mit einem Löffel gegessen, mit einem Hammer gehämmert (Funktionsspiel). »Am Ende des zweiten Lebensjahres werden aufgrund des wachsenden Vorstellungsvermögens und Symbolverständnisses des Kindes planvolle Handlungen sichtbar.«[21]

Das Planen und das Umsetzen von Plänen erproben die Kinder besonders im Konstruktionsspiel. Das Symbolspiel, in dem sie »so tun, als ob«, beginnt etwa ab dem zwölften Lebensmonat. Im dritten Lebensjahr differenziert es sich immer weiter.

Die Spiele werden verbal begleitet und wirken sich auf die Sprachentwicklung aus. Längere gemeinsame Spielsequenzen mit anderen Kindern nehmen

20 Vgl. Haug-Schnabel 2005
21 Aus: Haug-Schnabel, 2005, S. 68

zu. Dadurch entstehen erste Besitzkonflikte, deren Lösungsmöglichkeiten erprobt werden können.

Wir stellen den Kindern Spielmaterialien zum lustvollen Ausprobieren zur Verfügung, mit denen sie ihre Fähigkeiten testen, etwas über die Materialität der Welt und die Handhabbarkeit der Dinge erfahren können.

»Für alle Interaktionserfahrungen gibt es beim Säugling ein optimales Erregungsniveau, das angenehme Gefühle hervorruft. Wird dieses Niveau unterschritten, nehmen Lust und Interaktionsbereitschaft des Säuglings ab, wird es überschritten, entstehen unangenehme Gefühle und Abwehrreaktionen. Wenn die Reaktionen der Erwachsenen grundsätzlich in Intensität und Freude unter dem Erlebnisgrad des Kindes bleiben, wird dem Kind sein eigenes Verhalten nicht richtig gespiegelt. Es erfährt nicht, dass sein Verhalten akzeptiert wird, und kann seine Gefühle nicht richtig genießen.«[22] Daniel Stern bezeichnet das als »Raub der Gefühle«.

Kinder brauchen Erwachsene und andere Kinder, die sich mit ihnen freuen können, die ihre Enttäuschung nachvollziehen und ihren Ärger verstehen, ihnen ihre Gefühle »spiegeln«. Dadurch entwickeln sie ein positives Selbstbild und eine starke Persönlichkeit.

Wir reflektieren uns in unseren Handlungen diesbezüglich immer wieder. Die Entwicklung zu starken und gesunden Persönlichkeiten unterstützen wir weiterhin durch

- die Förderung der freien Bewegungsentwicklung und unser psychomotorisches Konzept;
- die bewusste und reflektierte Gestaltung der Schlüsselsituationen Essen, Schlafen/Ruhen und Pflege/Wickeln im Alltag der Kinder.

Im Folgenden beschreiben wir unsere Praxis und verweisen auf die theoretischen Überlegungen, die unserer Arbeit zugrunde liegen.

Bewegungsentwicklung und Selbstkonzept

Von Geburt an hat jedes Kind ein subjektives Identitätsempfinden, das es durch die aktive Beteiligung an Interaktionen – Blickkontakte, Mimik, Gestik, (vor-)sprachliche Kommunikation – weiterentwickelt. Parallel dazu entsteht ein Bild vom anderen Menschen. Erlebt ein Kind zum Beispiel, dass sein Versuch klappt, die Decke wegzustrampeln, erzeugt dies erste Gefühle von Selbstwirksamkeit. Diese Gefühle werden nur durch eigene Handlungen erzeugt und nicht dadurch, dass ein Erwachsener etwas für das Kind tut. Über Bewegungshandeln entwickelt sich auch das Körpergefühl.

Die Vorstellung vom eigenen Körper ist ein wichtiger Baustein in der Identitätsentwicklung, ein Teil des Selbstkonzepts. Deshalb ist die Unterstützung und Begleitung der Kinder in ihrer Bewegungsentwicklung uns besonders wichtig. Außerdem wissen wir aus der Gesundheitsforschung, dass Bewegung gesund erhält.

Grundlage unserer Arbeit ist es, Bewegungsbedürfnisse von Kindern zu erkennen und zu beobachten. Das heißt, wir beobachten im alltäglichen Umgang, welche Bewegungsbedürfnisse die Kinder haben, und dokumentieren die individuelle Bewegungsentwicklung auf Beobachtungsbögen.

Wir ermöglichen den Kindern vielfältige Bewegungserfahrungen – in den Innenräumen der Krippe, auf dem Außengelände und beim Erkunden der Stadt oder ihrer unmittelbaren Umgebung.

Psychomotorik – eine Säule der Konzeption

Der Begriff »Psychomotorik« bezeichnet die allen Menschen innewohnende Fähigkeit zur eigenverantwortlichen, selbstbestimmten und psychisch geleiteten Entwicklung der Bewegungstätigkeit, die in enger Verbindung zu ihrer materiellen und sozialen Umwelt steht. Dies stellt uns vor die Herausforderung, Kinder in ihrer frühen Lebensphase so zu unterstützen, dass sie in ihrer weiteren Entwicklung bestmögliche Chancen haben. Unser Hauptaugenmerk liegt daher auf der Ausgewogenheit von Wahrnehmungs- und Bewegungsangeboten, die im Einklang mit dem psychischen Wohlbefinden der Kinder stehen. Eine Kollegin unseres Teams absolvierte eine psychomotorische Weiterbildung und ist dafür zuständig, diesen Zugang zur Förderung und Unterstützung der Bewegungsentwicklung von Kindern in unsere pädagogische Planung und den Krippen-Alltag einzubringen.

Kinder können ihre körperlichen und geistigen Fähigkeiten nur dann optimal entwickeln, wenn sie in

22 Daniel Stern, 2000, S. 299

einem emotional sicheren Umfeld aufwachsen. In der praktischen Arbeit berücksichtigen wir diese grundlegenden Bedürfnisse vor allem in der Raumgestaltung. Sie ermöglicht es den Kindern, ihrem Entdeckungs- und Bewegungsdrang jeden Tag nachzukommen. Für Kinder, die in der Großstadt aufwachsen, ist dieser Aspekt von besonderer Bedeutung. Neben Klettern, Rutschen, Balancieren und Schaukeln erfreuen sie sich am Spiel mit unterschiedlichen Materialien. Bei allen Aktivitäten steht das gemeinsame Erleben im Mittelpunkt.«[23]

Die selbstständige Bewegungsentwicklung

Eine weitere Säule unseres Bewegungskonzepts sind die Überlegungen Emmi Piklers zur Förderung der freien Bewegungsentwicklung. Die ungarische Kinderärztin Emmi Pikler[24] befasste sich unter anderem mit Fragen der Bewegungsentwicklung von Säuglingen und Kleinkindern. Sie betont, dass es besonders wichtig ist, Kindern Zeit zu lassen, ihre Schritte in der Bewegungsentwicklung selbstständig gehen zu können. Kinder brauchen niemanden, der sie dabei (er-)zieht. Sie erlernen alle Bewegungsarten von allein, in ihrem eigenen Rhythmus, und entwickeln ihre Bewegungsmöglichkeiten beim Entdecken und Hantieren mit Gegenständen aufmerksam und ausdauernd. Was sie brauchen, ist eine vorbereitete Umgebung, die ihrem Alter und ihrem Entwicklungsstand entspricht.
Kinder lernen allein, zu sitzen und zu laufen. Niemand kann ihnen das »beibringen«. Doch sie brauchen dazu vielfältige Körpererfahrungen.

Wir stützen sie beim Sitzen nicht durch Kissen und geben ihnen beim Laufenlernen nicht die Hand. Das wäre, als würden wir ihnen Fahrräder mit Stützrädern anbieten. Darauf lernen sie nicht, Balance zu halten, die sie zum Radfahren brauchen. So ist manche helfende Hand zwar gut gemeint, aber meist eher ein Hemmnis in den Lernprozessen der Kinder.

Emmi Pikler fordert, dass Babys sich auf dem Boden bewegen sollen, weil sie Erdung brauchen. Deshalb legen wir Säuglinge, die noch nicht mobil sind, auf den Boden und geben ihnen Anregungen zur Bewegung. Hindernisse wie Matratzen oder mit Styroporkügelchen gefüllte Kissenbezüge, die sie überwinden müssen, sind wichtige Bewegungsanreize. Über ihre Körbchen oder ihre Plätze am Boden hängen wir Mobiles oder andere bewegliche Materialien, die zum Greifen oder zur Berührung mit den Füßen anregen. Wir legen ihnen Dinge in die Körbchen, die sie greifen oder in den Mund nehmen können, zum Beispiel Bälle, Ringe aus Holz oder Gummi, ein Schlüsselbund, Kuscheltiere oder Tastsäckchen, die mit Bohnen oder Reis gefüllt sind. Knopfkissen, von außen mit unterschiedlichen Knöpfen benäht, fordern zum Befühlen auf.

Diese Dinge werden bewusst in geringer Entfernung um die Säuglinge gelegt. Da sie in der Regel daran interessiert sind, animieren die Gegenstände sie, erste Drehbewegungen zu versuchen, sich zu rollen, gezielt zu greifen und später auf die Gegenstände zuzukrabbeln. An ein Podest in einem unserer Räume haben wir einen »Tierstimmenimitator« geklebt. Schon ganz junge Kinder können ihn mit ihren Fingern so bedienen, dass er Geräusche produziert. Manch ein Krabbelkind ist sehr interessiert, dieses Spielzeug zu erreichen, um den Knopf zu drücken und ein Quaken oder Piepen zu erzeugen. Die Freude über den Erfolg ist immer riesengroß.

23 Cornelia Bernecker: Unveröffentlichte Abschlussarbeit zur Psychomotorikausbildung bei PESIR, Hamburg
24 1902-1984

Manchmal beobachten wir, dass ein Kind sich sehr anstrengt, um einen begehrten Gegenstand zu ergreifen oder sich so zu drehen, dass es ihn erreichen kann. Dann fällt es uns schwer, zuzusehen, ohne den Gegenstand wenigstens etwas näher an das Kind zu rücken. Doch das wäre in dieser Situation keine Hilfe für das Kind, sondern eine Behinderung seiner eigenständigen Bewegung. Die große Befriedigung, die es erlebt, wenn es sich selbst dreht, kann die Unterstützung der Erwachsenen nicht auslösen. Aber die Botschaft »Du kannst es« – während man dem Kind Zeit lässt, es selbst zu tun – vermittelt das Gefühl, geachtet und wertgeschätzt zu werden.

Bewegungserfahrungen ermöglichen und Herausforderungen bieten

Kinder, die zu krabbeln beginnen, können sich frei im Raum bewegen. Manche bewegen sich zunächst von einem Platz in eine andere Ecke des Raums. Später beginnen sie, sich eigenständig aus der Gruppe hinaus zu bewegen. Mutige erkrabbeln schon Podeste. Damit sie ihren Bewegungsradius ausweiten können, gibt in unseren Räumen keine Gitter oder andere Dinge, die sie in ihrer Bewegungsfreiheit einschränken. Lediglich an der Treppe im Treppenhaus kann bei Bedarf ein Gitter eingehängt werden. Das wird jedoch nur in Ausnahmesituationen getan – zum Beispiel wenn keine Pädagogin die Kinder, die dorthin krabbeln, im Blick haben kann.

Wir machen die Erfahrung, dass Säuglinge, die noch nicht mobil sind, nicht vor den älteren, schon mobilen Kindern der Gruppe geschützt werden müssen. In der Regel gehen die Älteren vorsichtig und aufmerksam mit den Jüngeren um. Selten werden die Kleinen umgerannt oder geschubst. Wenn das passiert, dann aus Versehen oder der noch ungenügend ausgebildeten Fähigkeit des älteren Kindes wegen, seine Bewegungen zu koordinieren.

Wir bieten Kindern, die laufen lernen, Möglichkeiten, sich aufzurichten. Stühle, die für uns Erwachsene gedacht sind, und die Außenflächen der Podeste werden dazu gern genutzt. An manchen Stellen sind die Podeste mit Tauen oder Stangen versehen, an denen die Kinder sich festhalten können. Auf den Podesten gibt es Begrenzungen durch Gitterstäbe, die ebenfalls zum Festhalten genutzt werden.

Auch beim Laufenlernen halten wir die freie Bewegungsentwicklung für wichtig. Aus eigener Motivation probieren die Kinder immer wieder das freie Stehen und Gehen. Wir halten sie bei ihren Versuchen nicht fest, führen sie nicht an zwei Händen und locken sie nicht mit Gegenständen oder Zurufen, denn wir denken, dass solche Aktionen sie daran hindern, ein Gefühl für den eigenen Körper, für Gleichgewicht und Balance zu entwickeln. Würden wir ein Kind loslassen, dann wäre es hilflos und würde hinfallen. Unsere Unterstützung sehen wir vielmehr darin, ihnen Aufmerksamkeit in diesem Prozess zu schenken und uns mit ihnen über jeden kleinen Fortschritt zu freuen. Das halten wir für die beste Motivation.

Wenn Kinder sich selbstständig bewegen und laufen lernen dürfen, können sie ihre Leistungsfähigkeit schon sehr früh realistisch einschätzen. Das ist eine gute Grundlage, um mögliche Gefahren ebenso früh einschätzen zu lernen.

Wir bieten den Kindern von Beginn an Möglichkeiten, ihre körperlichen Fähigkeiten weiterzuentwickeln und zu differenzieren. Dazu halten wir es – neben dem genauen Beobachten und der beschriebenen Begleitung – für erforderlich, ihnen Herausforderungen zu bieten. In unseren Räumen gibt es keine

Orte, die für Kinder nicht zugänglich oder »verboten« sind. In jedem Raum bieten wir Bewegungsanreize und Hindernisse unterschiedlicher Schwierigkeitsgrade, die Kinder zu verschiedenen Bewegungsabläufen motivieren. So liegt ein Holzstamm auf dem Fußboden, der die Kinder animiert, darüber zu krabbeln oder ihn zu transportieren.

Wir bieten den Kindern auch Herausforderungen, die ihnen ermöglichen, körperliche Grenzen zu erkennen und sie durch Üben zu erweitern. In besonderem Maße können sie sich bei Ausflügen und auf den Kinderreisen erproben.

Kinderwagen oder andere Transportmittel haben wir nicht. Sobald die Kinder laufen können, machen wir kleine Ausflüge mit ihnen, anfangs meist in den nahegelegenen Park. Die Wege zu den Orten, die wir besuchen, legen die Kinder selbst zurück. Das bedeutet: Ein Kind kann erst dann in die Turnhalle mitkommen, wenn es laufen, also den Weg dorthin selbst zurücklegen kann. Wir finden es nicht sinnvoll, Kinder in Karren durch die Gegend zu schieben, sie zum Stillsitzen und zum passiven Konsum von Eindrücken zu verurteilen.

Bewegung und Bildung

Bewegung und soziale Beziehungen

Kinder können bei uns Freude an der gemeinsamen Bewegung erleben. Jüngere finden in den Älteren Bewegungsvorbilder. Sie können kooperieren, indem sie sich gemeinsam bewegen, tanzen, einander helfen. Sie können lernen, Rücksicht zu nehmen, und erste Erfahrungen von Fairness machen. Sie können in der Bewegung eine Form der Kommunikation erleben.

Bewegung und Sprache

In Bewegungsspielen können Kinder Sprache erproben und verstehen lernen. Wenn wir sie unterstützen, eigene Bedürfnisse und Befindlichkeiten auszudrücken, fördert das ihre Sprachentwicklung.

Anleitungen für kleine Tanzspiele erfordern, zuzuhören und verstehen zu wollen. Dabei lernen die Kinder, Äußerungen wie »zu zweit«, »ein Paar«, »das Kind neben dir, vor dir...« zu verstehen.

Bewegung und mathematisch-naturwissenschaftliche Grunderfahrungen

Kinder können Bewegungsmaterialien zählen: zwei Seile, drei Seile... Sie können Schritte und Treppenstufen zählen oder Formen erlaufen, zum Beispiel einen Kreis. Wir haben Laufkissen, die wir den Kindern paarweise anbieten. Über Bewegung machen sie Raumerfahrungen, die räumliches Denken fördern.

Die Kinder können Volumen erfahren, indem sie ausprobieren, wie sie einen Gymnastikreifen mit beiden Händen greifen können. Gewichtsbälle ermöglichen ihnen, Gewicht zu spüren und ihre Kraft zu erproben. Mit einem Schwungtuch erleben sie die Wirkung des Schwungs. Hebelwirkungen können sie mit Pappröhren und anderen Gegenständen ausprobieren.

Bewegung und ästhetische Bildung

Lustvoll erleben Kinder die Verbindung von Bewegung und Musik. Die Materialien, die wir ihnen anbieten, regen sie zu ersten Rollenspielen an.

Beim bildnerischen Gestalten ist die Verknüpfung von Malen und Bewegung wichtig. Deshalb ermöglichen wir den Kindern, großformatig »bewegt« und im Stehen zu malen.[25]

25 Siehe Kapitel »Kreative und fantasievolle Kinder«

Bewegung im Alltag

Treppen

In unserem Haus finden die Kinder viele Treppen. Der Aufgang hat eine Treppe, und der erste Stock ist über eine relativ breite Treppe zu erreichen.

Um den zehnten Lebensmonat herum beginnen Kinder, die Treppen hinaufzukrabbeln. Selten benötigen sie die Hilfe der Erwachsenen. Wenn sie möchten, können sie die Treppen auch eigenständig hinunterkrabbeln. Dazu brauchen sie allerdings meist Erwachsene, die ihnen zeigen, dass sie die Treppen mit den Füßen zuerst herunterkrabbeln müssen, um nicht zu stürzen. Die Erwachsenen bringen sie also in die »Starterposition«, den Rest können sie allein.

Auch unsere Wickeltische sind mit Treppen und Leitern versehen. So können die Kinder eigenständig hoch krabbeln und sind nicht auf Hilfe angewiesen.

Eine Besonderheit ist die Freitreppe ohne Geländer zum Festhalten und mit unterschiedlicher Stufentiefe. Die unterschiedliche Stufentiefe macht es erforderlich, beim Hinauf- und Heruntergehen genau auf die Schritte zu achten.

Anfangs krabbeln die Kinder diese Treppe hinauf und herunter. Dann beginnen sie, aufrecht hinaufzugehen, und stützen sich an der Wand ab. Danach üben sie, die Treppe im freien, aufrechten Gang hochzugehen. Da sie das täglich immer wieder tun können, erlangen die meisten Kinder relativ schnell Sicherheit bei der Bewältigung der Stufen.

An der »Eroberung« der Treppe können wir ablesen, dass sie die für sie richtige Abfolge des Lernens erkennen und die Herausforderung im wahrsten Sinne »Schritt für Schritt« meistern. Dabei lernen sie, ihre körperliche Leistungsfähigkeit einzuschätzen, auszubauen und zu erweitern.

Brücken als Übergänge

Die Brücken in unserem Haus weisen unterschiedliche Steigungen, Neigungen und Biegungen auf. Sie zu begehen erfordert ein hohes Maß an Gleichgewichtsgefühl. Da die Kinder diese Brücken täglich benutzen können, entwickeln sie dieses Gefühl schnell und werden zunehmend sicherer.

An einer Stelle im Haus gibt es einen Wanddurchbruch von einem Raum in den anderen. Er beginnt etwas oberhalb des Fußbodens. Wer ihn überwinden will, muss geschickt sein. Immer wieder beobachten wir gespannt, welch unterschiedliche Techniken die Kinder einetzen, um diese Bewegungsanforderung zu meistern.

Podeste im Raum

Jeder Raum ist mit einem Podest ausgestattet, das viele Bewegungsanreize liefert:

- verschiedene Auf- und Abgänge,
- Wellen,
- Treppen mit und ohne Leitern,
- schräge Ebenen,
- Rutschen,
- Sprossenleitern,
- Hindernisse (Rundung an den Sprossenleiten),
- Vertiefungen im Boden.

Hängenetz und Tampen

Nie begibt sich ein Kind unbedarft in das Hängenetz. Alle Kinder nähern sich dem Netz vorsichtig und unternehmen tastende Versuche – natürlich auf unterschiedliche Art und Weise. Die meisten Kinder krabbeln zunächst an den Rand und schauen sich den Raum von oben an. Der nächste Schritt: sich vorsichtig in die Mitte des Netzes bewegen und die Beine durchs Netz stecken. Danach greifen viele Kinder zunächst den Tampen und versuchen, sich daran festzuhalten und aufrecht über das Netz zu gehen. Manche Kinder werfen, bevor sie das Netz betreten, Kissen oder andere Dinge darauf. Vielleicht wollen sie die Haltbarkeit des Netzes überprüfen. Andere stecken Gegenstände durch die Maschen, um die Größe der Zwischenräume zu testen. Erst danach strecken sie ihre Arme oder Beine durch die Maschen.

Beim Erforschen von Bewegungsanforderungen gehen die Kinder systematisch vor und begeben sich nicht unvorsichtig in unbekannte Situationen. Wir erleben sie immer wieder als bedacht und bedächtig. Wenn sie es möchten, setzt sich eine Erzieherin in die äußerste Ecke des Netzes, sodass die Kinder über das Netz zu ihr laufen können. Diese Unterstützung benötigen allerdings nur wenige Kinder und fordern sie selten ein.

Durch das forschende Vorgehen entwickeln sich Bewegungsmuster, auf die die Kinder ein Leben lang zurückgreifen können.

Materialien, die bewegen

Wir bieten den Kindern verschiedene Materialien an, die zur Bewegung auffordern:

- kriechen und krabbeln: Kriechtunnel;
- laufen und balancieren: Lauftaue, Laufkissen, Balancierbretter;
- klettern und springen: Kletterseil, Kletterturm, Matratzen, Strickleitern;
- hüpfen: Trampolin, Pezzi-Hüpfbälle;
- rollen, kreiseln und schwingen: Seile, Kreiselzylinder, Schwungtuch, Rollbretter, Bogenroller;
- schaukeln: Schaukel, Hängesitz, Schaukelkörbe, Pfänder;
- werfen: verschiedene Bälle, mit unterschiedlichen Materialien (Korken, Reis, Linsen) gefüllte Säckchen, Papierschnipsel;
- wippen: Holzwippe, Wippbanane

Bewegung in großen Räumen

Wir halten es für wichtig, dass Kinder auch Raumerfahrungen in großen Räumen machen können. Deshalb gehen wir ein Mal in der Woche zwei Stunden lang mit einem Teil der Gruppe in die Turnhalle einer benachbarten Schule – und zwar mit den Kindern, die den Weg allein bewältigen können. Sie müssen jeweils 15 Minuten laufen und bewegen sich intensiv in der großen Halle. Obwohl dieses Angebot anstrengend ist, erleben wir nur selten, dass ein Kind nicht mitkommen will. Es macht den Kindern offensichtlich großen Spaß, sich in der Halle zu bewegen. Das spricht dafür, dass sie anstrengungsbereit sind, wenn wir ihnen etwas anbieten, was ihr Interesse trifft oder weckt.

Wir erleben, dass Kinder sich den großen Raum anders erschließen als die kleineren Räume der Krippe. Sie »vermessen« ihn, indem sie von Wand zu Wand laufen, die Wände berühren und so ein Gefühl für die Größe des Raums entwickeln. Wenn sie schreien und rufen, erleben sie ihre Stimmen und erfahren die Gesetzmäßigkeiten des Schalls: In der Turnhalle klingen die Stimmen anders als in kleineren Räumen. Außerdem können die Kinder Raumerfahrungen machen wie:

- hoch – tief,
- lang – kurz,
- oben – unten,
- nah – fern,
- vorn – hinten,
- über – unter,
- neben – auf.

Das Turnen in der Halle ist eine weitere Möglichkeit für die Kinder zu lernen, sich eigenständig aus- und anzuziehen. In der Halle laufen sie barfuss, damit sie die Untergründe gut spüren und einzuschätzen

lernen. Außerdem haben sie so an den Geräten besseren Halt oder Stand.

Ein besonderes Angebot sind psychomotorische Bewegungsaufbauten. Körperlich noch sehr kleine Kinder können die Erfahrung eines großen und hohen Raums mit viel Platz machen. Darüber hinaus können die Kinder Geräte und Materialien nutzen, die in der Krippe nicht zur Verfügung stehen:

- Kästen,
- eine Sprossenwand;
- Bänke,
- Weichböden,
- Matten,
- Rollbretter,
- Bogenroller,
- Ringe,
- Bälle,
- Seile,
- Pylonen,
- Schwungtücher,
- eine Plastikplane.

In der Halle sind besondere Sicherheitsvorkehrungen erforderlich. Wir achten darauf, dass es um alle Geräte, die wir aufbauen, eine Absicherung durch Matten gibt. Seile und Karabinerhaken wurden angeschafft, damit wir die Geräte so fest verbinden können, dass sie nicht verrutschen.

Wir nehmen immer etwas zum Essen und Trinken mit und stärken uns damit für den Rückweg.

Bewegung im Außengelände

Das räumliche Konzept der verschiedenen Ebenen und Herausforderungen leitete uns auch bei der Planung und Gestaltung des Außengeländes, das gegliedert ist. Es gibt

- eine bewegte Zone,
- Raum für Ruhe und Rückzug,
- einen Nassbereich,
- einen Bereich zum Einnehmen von Mahlzeiten und zum gemütlichen Sitzen.

Die Kinder haben drei Möglichkeiten mit unterschiedlichen Schwierigkeitsgraden, das Außengelände vom Haus aus zu erreichen:

- die Tunnelrutsche, die von der Terrasse direkt in den Garten führt;
- die Rampe mit kleinen Pflastersteinen, die eine herausfordernde Neigung hat. Am Geländer der Rampe wurde ein Drainagerohr befestigt, in das die Kinder kleine Bälle werfen oder durch das sie Wasser laufen lassen können;
- die »Schikane«: Holzbalken und Holzstämme, die in unterschiedlichen Abständen in die Erde gesetzt wurden, in verschiedenen Höhen, mit Steintreppen und einem Wegstück, das mit Schotter belegt wurde. Die Weggestaltung wechselt unterwegs.

In unserem Außengelände gibt es einen Hügel, den eine Betonröhre durchzieht. Durch diese Röhre

können die Kinder laufen oder krabbeln. Der Hügel ermöglicht ihnen das Erleben von Höhe und Tiefe. Sie können ihren Gleichgewichtssinn erproben und trainieren, indem sie auf den Hügel und herunter laufen.

Auf dem Hügel gibt es eine Halterung, an der man mit einem Karabinerhaken Seile unterschiedlicher Länge und Stärke sowie Strickleitern befestigen kann, mit deren Hilfe die Kinder den Hügel erklimmen können.

Der Hügel dient auch dazu, erste physikalische Grunderfahrungen zu machen. Wenn ein Kind auf dem Hügel sitzt und einen Ball immer wieder hinunterrollen lässt, kann es beobachten, dass der Ball stets eine andere Richtung nimmt. Als Startpunkt für sein Experiment wählte ein Kind immer den gleichen Ort auf dem Hügel und konnte erste Erfahrungen mit Bewegungsenergie, mit der Umwandlung von Kraft in Bewegung machen.

Auf dem Boden des Außengeländes stehen sechs Balken mit Halterungen für Karabinerhaken, an denen wir unterschiedliche Materialien befestigen können: Seile, Tücher, Hängematten, Fender oder ein Netz aus Fahrradschläuchen. Damit stellen wir den Kindern verschiedene Materialqualitäten zur Verfügung und bieten ihnen differenzierte Körperwahrnehmungsmöglichkeiten. Außerdem kann man das Spielgerät immer wieder verändern.

Auf dem Außengelände finden die Kinder Wege, auch versteckte. Sie entstehen durch Büsche, die

wir als Wegbegrenzung gepflanzt haben. Es gibt ein Weidentipi und einen Weidentunnel – ebenfalls Orte, an die sich die Kinder zurückziehen und an denen sie sich verstecken können.

Das Angebot zum Spielen besteht – neben dem üblichen Plastik-Sandspielzeug – hauptsächlich aus Naturmaterialien wie Sand, Steine, Zweige, Wasser, Äste, Erde, Laub und Baumstämme. Zur Bewegung dienen Laufräder, Dreiräder, Roller und Bobbycars, die auf Fahrwegen benutzt werden. Die Fahrwege weisen unterschiedliche Untergründen auf: Pflastersteine, Kopfsteinpflaster und Unebenheiten, die die Bewegungskoordination herausfordern.

Das Außengelände bietet reichlich Erfahrungsmöglichkeiten für alle Sinne: Pfützen, Blätter und Rindenmulch zum Spielen, Käfer und andere Kleinlebewesen, Eichhörnchen und Vögel, die in aufgehängten Kästen nisten, zum Beobachten.

Die Erfahrung der Elemente ist ebenfalls möglich. Wasser, das wichtigste Element, kann in verschiedene Behälter gefüllt werden. Da wir für das Außengelände besonders lehmhaltigen Boden wählten, versickert es nur langsam, und die Kinder haben eine wunderbar natürliche Matschgelegenheit. Im Park, der an die Krippe grenzt, gibt es ein großes gemauertes Plantschbecken, in das bei schönem Wetter Wasser eingelassen wird.

Das Element Luft können die Kinder erleben, weil Windräder auf dem Außengelände stehen.

Feuer wird beim Grillen angezündet – ein häufig genutztes Angebot. Schon bei den ersten Sonnenstrahlen im Frühling wird »angegrillt«.

Auf einem Beet können Blumen oder Kräuter angepflanzt werden, die die Kinder später ernten, und an den Büschen wachsen Beeren zum Naschen.

Damit die Kinder das Außengelände geschützt vor Regen und Nässe nutzen können, schafften die Eltern Gummistiefel und Regenzeug an. Wer vergessen hat, es mitzubringen, bekommt Krippen-Regenzeug für sein Kind.

Manchmal lassen wir die Kinder auf dem Außengelände ohne Fahrzeuge und andere Dinge. Das regt sie an, sich mit dem Gelände und den Naturmaterialien zu beschäftigen, die dort zu finden sind, zum Beispiel mit Blättern und Stöcken.

Bewegung und Gesundheit

Bewegung und Lebensfreude gehören zusammen. Aus vielen wissenschaftlichen Untersuchungen wissen wir heute, dass Bewegung die Gesundheit unmittelbar fördert. Je früher das Bewusstsein dafür entsteht, desto besser. Aus diesem Grund legen wir besonderen Wert darauf, die natürliche Bewegungsfreude der Kinder zu unterstützen, und ermöglichen ihnen, häufig barfuß zu laufen. Weil sie mit den Füßen vieles erspüren, können sie ein besseres Körpergefühl entwickeln. Darüber hinaus wird die Entwicklung des Immunsystems angeregt, und die Kinder entwickeln selbst das Gefühl, wann ihnen etwas zu kalt oder zu warm ist. Damit sie auch im Haus barfuß laufen können, dürfen Erwachsene die Gruppenbereiche nicht mit Straßenschuhen betreten.

Lesetipps

Sabine Herm
Psychomotorische Spiele für Kinder in Krippen und Kindergärten
Cornelsen Scriptor, Mannheim 2006

Emmi Pikler
Lasst mir Zeit – Die selbstständige Bewegungsentwicklung des Kindes bis zum freien Gehen
Pflaum Verlag, München 1988

Sibylle Wanders
Schnelle Füße, kluges Köpfchen – Bewegungsspiele und Spiellandschaften zur ganzheitlichen Förderung
Kösel, München 2006

Renate Zimmer
Handbuch der Psychomotorik
Herder, Freiburg/Basel 2008

Beziehungsvolle Pflege

Für Kinder im Krippenalter haben Erfahrungen mit Pflege- und Wickelsituationen hohe sozial-emotionale Bedeutung. Die Zugewandtheit des Erwachsenen in der Wickelsituation und die Akzeptanz der kindlichen Intimität sind für uns wichtige Orientierungen im Kontakt mit Kindern.

»Die achtsame Pflege«[26] des kleinen Kindes, die Qualität des Umgangs und der Berührungen in Pflegesituationen sind von großer Bedeutung für das Wohlbefinden des Kindes und die Entwicklung seines Selbstbildes. Gegenseitiges Kennenlernen und Konstanz in der Pflegesituation geben dem Kind Sicherheit und Geborgenheit. Intensiver Blickkontakt des Erwachsenen und sprachliche Kommunikation können in dieser Situation einer Eins-zu-eins-Betreuung dazu beitragen, die Signale des Kindes zu verstehen und in einen Dialog zu treten.

Wickeln

Das Wickeln ist eine Situation im Tagesablauf, in der die Erzieherin sich dem Kind exklusiv zuwenden kann. Wir halten es für wichtig, beim Wickeln sensibel auf die Signale des Kindes einzugehen und darauf zu achten, ob es etwas als angenehm oder unangenehm empfindet. Die Wickelsituation begleiten wir sprachlich und teilen dem Kind mit, was wir als nächstes tun werden: die Strümpfe ausziehen, die Windel abnehmen... So beziehen wir das Kind ein und geben ihm die Chance zu verstehen, was passiert, und sich darauf einzulassen.

Das Wickeln geschieht bei uns nach Bedarf, also wenn wir feststellen, dass ein Kind eine nasse Windel hat. Wir sprechen das Kind an und fragen, ob

26 Vgl. Pikler. In: Gonzalez-Mena 2008

es eine neue Windel haben möchte. Falls es das zu diesem Zeitpunkt ablehnt, wenden wir uns zunächst anderen Kindern zu und fragen sie nach ihrer Bereitschaft, gewickelt zu werden. Vor dem Mittagessen und nach dem Schlafen prüfen wir bei allen Kindern, ob sie frische Windeln benötigen.

Wir reinigen die Kinder mit Tüchern, die aus alten Handtüchern in der Größe von Handwaschlappen zugeschnitten wurden, und benutzen die aus unserer Sicht uneffektiven Feuchttücher nicht. Beim Eincremen zeigen wir den Kindern die Creme, die sie selbst mit den Fingern fühlen können oder einen kleinen Klecks auf den Arm bekommen, damit sie wissen, wie sich Creme anfühlt und was damit gleich passieren wird. Aus Hygienegründen nehmen wir die Creme mit einem kleinen Holzspatel aus der Dose, tragen sie auf die Hand auf und cremen die Kinder dann ein. Ein Fläschchen Sterillium sollte vorhanden sein, damit sich die Erzieherin bei Bedarf die Hände desinfizieren kann. Weil wir den direkten Körperkontakt für wichtig halten, wickeln wir die Kinder nicht mit Handschuhen.

Windeln bringen die Eltern mit, die Creme kaufen wir. Falls es besonderen Bedarf gibt, zum Beispiel aufgrund von Allergien, besprechen wir die Pflege mit den Eltern.

In allen Körperpflegesituationen sowie beim An- oder Ausziehen gilt für uns das Prinzip, dass das Bedürfnis von Kindern, diese Dinge selbstständig zu tun, geachtet wird. Wir helfen, wenn die Kinder es wünschen.

Räumliche Ausstattung

Wir haben drei Toiletten. Auf der Wickelauflage kann ein Kind gewickelt werden, und auf der Wartebank können höchstens vier Kinder sitzen. Deshalb ist der Sanitärbereich – von der Größe und Einrichtung her – so gestaltet, dass er nur von einem kleinen Teil der Kindergruppe gleichzeitig genutzt werden kann. Die anderen Kinder halten sich inzwischen im Gruppenraum auf. Die Aufteilung in Kleingruppen mit »fließendem« Wechsel der zu versorgenden Kinder sorgt für eine angenehme und stressfreie Atmosphäre – für alle Beteiligten.

Nach unserer Erfahrung gilt für den Sanitärbereich:

- Der Wickeltisch muss mit einer Treppe versehen sein, damit die Kinder ihn selbstständig besteigen können, sobald sie körperlich dazu in der Lage sind. Dies schont den Rücken der Erzieherin. Auf dem Wickeltisch muss eine Wickelauflage liegen, die für die Kinder angenehm ist. Wir haben sie vom Sattelmacher anfertigen lassen. Sie besteht aus porenfreiem Kunststoff, der besonders weich und gut abwaschbar ist. Auf die Wickelauflage legen wir beim Wickeln eine Stoffwindel, so dass die Kinder keinen direkten Körperkontakt mit der Plastikauflage haben. Mit der schmutzigen Windel und dem Waschlappen entsorgen wir auch diese Unterlage im Windeleimer. Später wird sie gewaschen – in einer speziellen Fäkalien-Waschmaschine. Dem Waschgang werden Enzyme hinzugefügt, die den Kot auflösen.
- Direkt neben der Wickelkommode sollte sich ein Waschbecken befinden, damit man die Kinder reinigen kann, ohne die Kommode verlassen zu müssen. Außerdem lassen sich die Lappen zum Reinigen so leichter mit Wasser befeuchten.

- Über der Wickelauflage sollte eine blendfreie Lampe hängen, damit die Kinder gut sehen können.
- Bei uns gibt es eine Wickel-Wartebank. Darauf nehmen die Kinder Platz und warten, bis sie an der Reihe sind. Sie können den Sanitärbereich also betreten, auch wenn sie nicht sofort gewickelt werden. Die Bank hat Armlehnen und eine Fußstütze, die aus einem Baumstamm mit Rinde bestehen. Mit ihren Händen, Armen und Füßen können die Kinder dieses Material spüren. Die Lehnen und die Fußstütze zeigen bereits Spuren. Gern zupfen die Kinder an der Rinde.
- Die Eigentumsfächer der Kinder mit Windeln und Wechselkleidung sollten so nah an der Wickelauflage angebracht werden, dass die Erzieherin sie mit einer Hand erreichen kann. Eine wichtige Regel, die wir allen neuen Kollegen und Praktikanten sofort mitteilen: Liegt ein Kind auf dem Wickeltisch, muss immer eine Hand am Kind bleiben, damit es nicht hinunterfallen kann. Wir benutzen keine Töpfchen, da die Kinder oft damit hin und her rutschen, kippeln, aufstehen

und die Töpfchen dabei umkippen. Außerdem macht die Sorge, dass so etwas passieren könnte, die Erzieherin womöglich nervös, und sie reglementiert die Kinder. Wir bieten ihnen nach dem Abstreifen der Windel an, auf die Toilette zu gehen, denn schon für die Jüngsten gibt es kleine

Toiletten. Bei der Installation von Kindertoiletten ist es wichtig, unterschiedliche Höhen zu wählen, so dass jedes Kind die Chance hat, seine Füße im Sitzen auf eine Unterlage oder den Boden aufzusetzen. Für Kinder um drei Jahre bauten wir eine Toilette ein, die »Elefantenfüße« an der Seite besitzt, auf denen die Kinder ihre Füße abstellen können. Damit werden Plastikhocker überflüssig, die rutschig sind und keinen festen Halt bieten. Wichtig finden wir, dass es Toiletten mit und ohne Schamwand gibt, damit Kinder sich entscheiden können, welche Variante sie bevorzugen.

Der Prozess des Trockenwerdens

Im Prozess des Trockenwerdens wird bei uns keinerlei Druck auf die Kinder ausgeübt. Unsere Erfahrung ist, dass sie in der Regel gegen Ende des zweiten Lebensjahres ihre Windeln nicht mehr tragen möchten. Sie können selbst entscheiden, ab welchem Zeitpunkt sie die Toilette benutzen.

Da wir wissen, dass Kinder erst ab dem Zeitpunkt, wenn sie zwei Jahre alt werden, in der Lage sind, ihre Schließmuskeln zu beherrschen, ermuntern wir sie ab dem Zeitpunkt, auf die kleinen Toiletten zu gehen. Wir begleiten sie, erklären ihnen, wie der Toilettengang funktioniert, und bleiben dabei, wenn sie das wünschen. Beim Po-Abwischen geben wir Hilfestellung, weil sie das anfangs meist nicht allein schaffen.

Zeigt ein Kind Interesse am Trockenwerden, gehen wir auf seinen Wunsch ein und lassen es zunächst für kurze Zeit ohne Windel. Beim Schlafen bekommt es eine Windel. Nach und nach verlängern wir die Zeit ohne Windel.

Möchte ein Kind seine Windel nicht mehr tragen, führen wir mit den Eltern ein Gespräch über den Prozess des Trockenwerdens. Wir teilen ihnen mit, wie wir in der Krippe mit diesem Entwicklungsschritt umgehen.

Manchmal treten Eltern an uns heran, die wünschen, dass ihr Kind in der Krippe keine Windel mehr trägt. Wir bemühen uns, auf diesen Wunsch einzugehen.

Manch ein Kind kommt zu Hause schon gut ohne Windel aus, bei uns jedoch noch nicht. Dann bitten wir die Eltern um Geduld und Verständnis, dass wir dem Kind die Zeit einräumen, die es braucht, und geben ihm noch eine Windel.

Wir denken, dass die Haltung der Erwachsenen – speziell ihre Körpersprache, Mimik und Stimmlage – den Ausscheidungen der Kinder gegenüber auf keinen Fall Ekel oder Abwertung ausdrücken darf. Für Kinder sind ihre Ausscheidungen etwas Natürliches, quasi ein Ergebnis, das sie selbst produziert haben und auf das sie anfangs geradezu stolz sind. Wir freuen uns mit ihnen darüber, wenn sie die ersten Schritte in Richtung Windellosigkeit gehen.

Lesetipps

Wayne Andrea von Königslöw und Stefan Slupetzky
Geschichten vom Klöchen
Parabel Verlag, Weinheim/Basel 2008

Werner Holzwarth und Wolf Erlbruch
Vom kleinen Maulwurf, der wissen wollte, wer ihm auf den Kopf gemacht hat
Hammer Verlag, Wuppertal 2000

Mahlzeiten in der Krippe

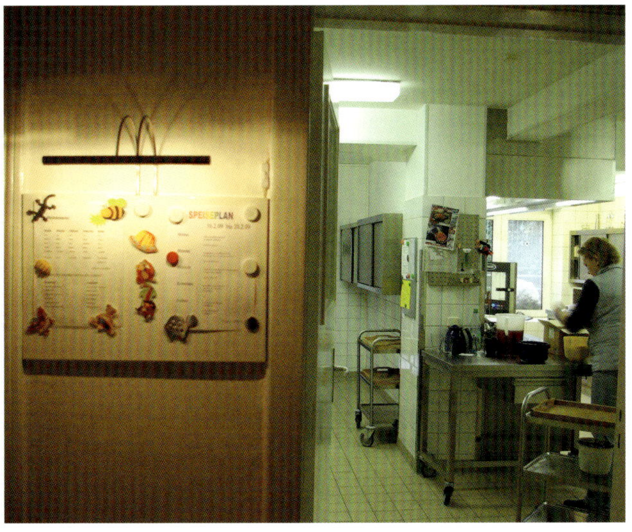

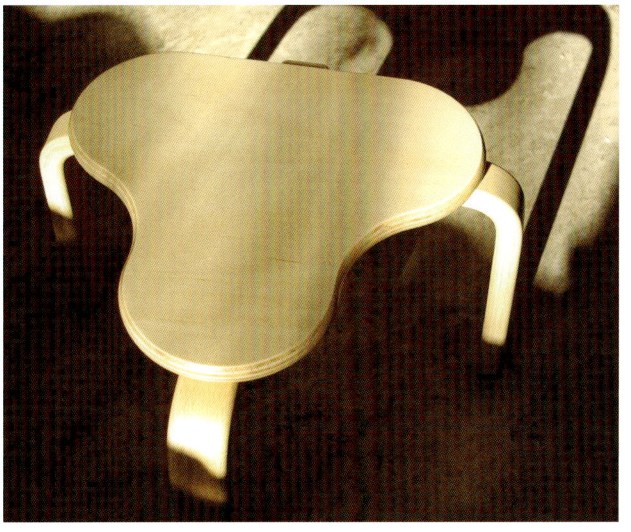

Wir nehmen Kinder als eigenständige Menschen ernst, die bald selbstständig essen und denen wir Mahlzeiten in einer ansprechenden Atmosphäre bieten wollen.

Esskultur erleben

Kinder haben das Recht auf ein ungestörtes Frühstück und Mittagessen: Damit sie ungestört frühstücken können, müssen sie bis 8.30 Uhr gebracht werden. Kinder, die später kommen, werden in einem anderen Raum begrüßt und betreut.

Kinder haben das Recht auf genussvolles und gesundes Essen: Damit wir beeinflussen können, was die Kinder essen, stellen wir ihnen Frühstück und Mittagessen zur Verfügung. Wir legen Wert auf ausgewogene, gesunde und abwechslungsreiche Ernährung.

Der Frühstücks- und der Mittagessenplan werden montags neben der Küche zur Information für die Eltern ausgehängt. Wenn die Eltern Fragen haben, können sie die Hauswirtschaftsleiterin ansprechen. Damit die Kinder entspannt frühstücken können, ist passende Möblierung nötig. Wir haben uns für Ergoline-Hocker[27] in den Höhen 22 und 24 Zentimeter entschieden, weil ihre ergonomische Form es den Kindern gestattet, die Beine gerade auf den Boden zu stellen. So haben sie guten Bodenkontakt, eine stabile Sitzposition und können frei hantieren.

Die Säuglinge bekommen Gläschenkost und jeden Morgen einen Obstbrei, der frisch zubereitet wird. Ganz junge Säuglinge bekommen die Folgenahrung, die der Kinderarzt den Eltern empfahl. Wir kaufen sie und geben sie den Kindern – entsprechend ihren individuellen Zeitbedürfnissen und wenn sie Hunger haben.

Auf religiöse und medizinisch bedingte Ernährungsgewohnheiten nehmen wir Rücksicht.

Kinder haben das Recht auf Esskultur: Jeden Tag – morgens und mittags – decken wir den Tisch ansprechend mit

- einer Tischdecke;
- Marmelade und Honig in Glasschälchen;

27 Dusyma

- Butter-Vierecken in Glasschälchen;
- Milch in einer Glaskanne gefüllt und verschiedenen Teesorten;
- Wurst und Käse, auf einem Teller angerichtet;
- verschiedenen Brotsorten in einem Brotkorb mit Serviette;
- Brötchen und Frühstückseiern ein Mal in der Woche;
- Müsli ein Mal wöchentlich;
- frischem, kleingeschnittenen Gemüse;
- Porzellangeschirr, Glasbechern und kleinen Glaskannen;
- Kinderbesteck: Messer, Löffel und Gabel;
- kleinen Papierservietten, die in einem Serviettenständer stehen;
- einer Kerze oder Blumenschmuck.

Erwachsene würden den Tisch ähnlich decken, wenn sie gemütlich essen wollen. Soll eine Mahlzeit so gestaltet werden, muss die Krippe für das Frühstück sorgen.

Wir wählten Becher aus Glas, damit die Kinder beim Einschenken sehen können, wie viel Flüssigkeit sich schon im Becher befindet. Die Sitzposition in Höhe der Becher ermöglicht ihnen guten Einblick. Weil die Becher ein gewisses Eigengewicht und somit Standfestigkeit haben, fällt weniger um oder auf den Boden. Die Jüngsten bewegen sich in der Regel viel und manchmal noch unkontrolliert, so dass Plastikbecher oder -teller schneller umkippen würden.

Die Kinder bekommen die gesamte Palette des Bestecks angeboten. Sie entscheiden selbst, welche Teile sie benutzen wollen. Manchmal wechseln sie das Besteck während des Essens, weil sie feststellen, dass sie mit einem anderen Teil besser oder schneller essen können. Sie dürfen auch mit den Fingern essen, weil wir ihnen die Chance geben wollen, die Lebensmittel mit den Händen berühren, also sinnlich erfassen zu können. In der Regel benutzen sie die Finger nur eine Zeitlang zum Essen.

Das Vorbild der älteren Kinder und der Erwachsenen wirkt. Sie ahmen es nach, denn sie wollen groß werden und auch mit Besteck essen.

Unternimmt ein Kind lange Zeit keinen Versuch, das Besteck zu benutzen, hat es möglicherweise Bedarf, weitere haptische Erfahrungen zu machen. Wir bieten ihm andere Dinge als Lebensmittel an, zum Beispiel Kleister, Ton oder Rasierschaum, mit denen es ausgiebig schmieren und matschen kann.

Gibt es Salat, wird er den Kindern in einem Extra-Schälchen serviert, damit nicht das ganze Essen in der Salatsauce schwimmt. Nachtisch – Pudding, Quarkspeise, Griesbrei, kleine Pfannkuchen, Apfelschnee oder Eis – gibt es täglich, weil er zu unserer Esskultur gehört.

Jedes Kind, das möchte, bekommt Nachspeise, auch Kinder, die das Hauptgericht nicht gegessen haben. Wenn sie möchten, bekommen diese Kinder etwas mehr als vorgesehen, damit sie satt werden. Hat ein Kind so große Lust auf den Nachtisch, dass es ihn kaum erwarten kann, darf es ihn vor dem Hauptgericht essen.

Obst bekommen die Kinder tagsüber durchgängig. Zum Essen reichen wir Getränke, die ebenfalls immer zur Verfügung stehen.

Während und nach dem Essen benutzen die Kinder Servietten. Nach dem Essen können sie sich mit Waschlappen – ein Lappen pro Kind – selbstständig Mund und Hände abwischen, bevor sie zum Zähneputzen in den Waschraum gehen. Wir sehen darin eher ein Ritual, weil es nicht möglich ist, wirklich alle Kinder dabei zu unterstützen, ihre Zähne gründlich zu putzen. Das teilen wir den Eltern mit, damit sie sich dafür mit ihren Kindern zu Hause Zeit nehmen.

Autonomie beim Essen

Kinder haben das Recht auf eigene Entscheidungen: Kinder haben von Beginn an ein natürliches Hunger- und Sättigungsgefühl. Wir unterstützen sie, auf dieses Gefühl zu achten, weil das eine Gewähr für gesunde Entwicklung ist. Alle Maßnahmen, die wir Erwachsene treffen, um Kinder zum Essen zu nötigen, zerstören dieses natürliche und vom eigenen Körperempfinden getragene Gefühl.

Die Kinder entscheiden bei uns selbst, was und in welcher Zusammenstellung sie es essen. Das gilt auch für den Umgang mit Säuglingen. Ist nur noch ein kleiner Rest in der Flasche, neigen viele Erwachsene dazu, dem Säugling diese Neige auch noch anzudienen. Das ist Nötigung, wenn ein Kind uns durch das Wegdrehen des Kopfs deutlich zeigt, dass es satt ist und nicht mehr trinken möchte. Wir achten auf diese Signale und beenden das Füttern in solch einem Fall sofort.

Die Kinder entscheiden bei uns auch selbst, wie viel und – in Grenzen – wie sie essen. Manche belegen ihre Brote mit einer Wurstscheibe, essen sie und legen eine neue Wurstscheibe auf. Lassen sie das Brot am Ende liegen, fordert die Erzieherin sie zwar auf, vom Brot abzubeißen oder es aufzuessen. Doch wenn sie es nicht wollen, wird das akzeptiert.

Die Kinder müssen nicht aufessen, und sie müssen auch nicht probieren. Mit der Aufforderung zum Probieren unterstellt man, dass ein Kind dieses Lebensmittel noch nicht probiert hätte. Da wir nicht wissen, was ein Kind außerhalb der Krippe isst und schon probiert hat, lassen wir es selbst entscheiden und vertrauen seiner Wahl.

Wir akzeptieren auch, dass ein Kind gar nichts essen möchte. Zwar bieten wir ihm eine Alternative an, aber wenn es sie ablehnt, sind wir einverstanden. Später informieren wir die Eltern darüber, damit sie wissen, dass ihr Kind eventuell hungrig ist.

Bei der Auswahl der Speisen für das Mittagessen achten wir darauf, dass die Kinder die einzelnen Bestandteile des Essens separat bekommen. Das heißt, es gibt keine Aufläufe, sondern Kartoffeln, Gemüse und Fleisch – gesondert angeboten. So kann sich jedes Kind für oder gegen ein Nahrungsmittel entscheiden, es probieren, seinen Geschmack differenziert und intensiv wahrnehmen. Diese Form des Angebots trägt zur Geschmacksbildung der Kinder bei.

Wir halten es für wichtig, dass die Kinder unterschiedliche Geschmacksrichtungen kennenlernen und ihren eigenen Geschmack, eigene Vorlieben entwickeln können. Deshalb kaufen wir die Gläschenkost für die Säuglinge bei unterschiedlichen Firmen.

Wir beginnen unsere Mahlzeiten gemeinsam und wünschen uns »Guten Appetit«. Danach füllt sich jedes Kind selbst auf. Wenn ein Kind zu Ende gegessen hat, kann es aufstehen, in den Sanitärbereich gehen, um sich die Zähne zu putzen, und dann spielen oder schlafen – je nach Tageszeit.

In der Regel dauert das Frühstück bei uns etwa 30 Minuten und das Mittagessen 45 Minuten. In dieser Zeit kann jedes Kind in seinem Tempo essen. Wir erleben, dass die Kinder Hunger haben und gern essen. Man muss sie – wenn sie sich an den Ablauf des Essens gewöhnt haben – nicht nötigen, bei Tisch sitzen zu bleiben. Deshalb gibt es kaum Situationen, in denen alle aufstehen wollen, weil ein Kind gerade aufgestanden ist. Wir vermuten, dass solche Situationen möglicherweise mit dem Geschmack des Essens zu tun haben oder mit der als unangenehm empfundenen Atmosphäre beim Essen. Kurz: Wenn ein Kind mal nicht essen will, machen das nicht zwangsläufig alle anderen nach.

Kinder haben das Recht auf Selbsttätigkeit bei den Mahlzeiten: Die Kinder füllen sich – sobald sie dazu in der Lage sind – selbstständig auf. Damit sie sehen können, was es gibt, stehen Glasschalen auf dem Tisch. Die Kinder bestimmen auch die Menge, die sie sich auffüllen. Füllt ein Kind sich sehr viel auf, fragt die Erzieherin, ob es denkt, dass es das schafft. Nickt das Kind, wird seine Antwort akzeptiert – solange genügend für die anderen Kinder übrigbleibt. So können die Kinder ein Maß für die Mengen entwickeln, die sie essen können oder möchten.

Jüngere Kinder bekommen einen Teller mit höherem Rand, damit sie das Essen besser auf die Gabel oder den Löffel befördern können. Die älteren Kinder haben normal flache und tiefe Teller, weil sie schon geschickter mit dem Besteck umgehen können.

Versuchen die Kinder, sich ihre Brote selbst zu schmieren, spielen die Glasschälchen eine wichtige Rolle, weil sie von kleinen Händen gut zu halten sind. Will ein Kind den Tee mit der Gabel aus dem Teebecher angeln, lernt es – ohne dass wir eingreifen oder erklären müssten –, dass man Flüssigkeiten nicht mit der Gabel befördern kann.

Suppen bieten wir möglichst in festerer Konsistenz an, damit die Kinder sie selbstständig mit dem Löffel essen können. Wir achten darauf, dass das Essen nicht zu heiß ist, damit die Kinder sich beim Auffüllen nicht die Hand, den Mund oder das Bein verbrennen, wenn etwas hinunterfällt.

Kleine Experimente sind beim Essen erlaubt: Becher stapeln, Kartoffeln mit den Fingern aufpieken, Tee aus dem Becher in die Kanne zurückgießen.

Essen als Gemeinschaftserlebnis

Kinder haben das Recht auf das Erleben von Gemeinschaft: Wir ermuntern die Kinder, einander wahrzunehmen. Zum Beispiel machen wir sie aufmerksam, dass ein Kind auf die Schüssel wartet. Ältere Kinder helfen den jüngeren häufig beim Einschenken der Getränke.

Gemeinsame Mahlzeiten sind immer eine Möglichkeit zum Kommunizieren. Erzieherinnen und Kinder können sich miteinander unterhalten und einander etwas mitteilen.

Erzieherinnen als Vorbilder

Kinder haben das Recht auf unterstützende Erzieherinnen: Die Erzieherinnen begleiten die Kinder bei den Mahlzeiten, unterstützen, wenn Hilfe gebraucht wird, und garantieren darüber hinaus die weitgehende Selbstständigkeit der Kinder. Sie füllen sich

von allen Speisen etwas auf einen Teller, um vor dem Essen Geschmack, Würze und Temperatur zu probieren. Dadurch können sie die Kinder motivieren, sich auch etwas aufzufüllen.

Kinder haben das Recht auf entspannte Erzieherinnen: Wir halten es für wichtig, dass die Erwachsenen für sich sorgen und die Mittagsmahlzeit entspannt genießen können. Deshalb essen sie in einem gesonderten Raum, dem Mitarbeiterzimmer.

Die Mitarbeiterinnen des hauswirtschaftlichen Bereichs decken den Tisch für die Erzieherinnen ein, damit sie eine angenehme Mahlzeit und das Gefühl haben, dass sie umsorgt werden. Nach dem Essen räumen die Erzieherinnen den Tisch ab und bringen das benutze Geschirr in die Küche – eine kleine Geste der Dankbarkeit. All dies folgt dem Motto: Wer nicht genießt, wird ungenießbar.

Lesetipps

Empfehlungen für die Ernährung von Säuglingen
Die Broschüre gibt einen Überblick über die Ernährung im ersten Lebensjahr
Art.-Nr.: 40 04 20, Preis: 2,00 Euro

Von Anfang an
Alles Wichtige zum Thema Ernährung in den ersten drei Lebensjahren
Art.-Nr.: 40 04 03, Preis: 1,50 Euro

Bestelladresse für beide Broschüren:
DGE-MedienService
Bornheimer Straße 33 b, 53111 Bonn
Tel.: 0228/909 2626 (Mo - Fr 9.00 - 13.00 Uhr)
E-Mail: info@dge-medienservice.de
Internet: www.dge-medienservice.de

Rund ums Essen in der Kita
Informationen zu einer kindgerechten Ernährung
Vereinigung Hamburger Kitas gGmbH
Oberstr. 44, 20144 Hamburg
Internet: www.kita-hamburg.de

Schlafen, Ruhen und Entspannen

Um entspannt zu schlafen, braucht man Vertrauen in die Menschen, die den Raum teilen, in dem man schläft. Man muss das Gefühl haben: Mir wird nichts passieren. Schlaf bedeutet, zu vertrauen und loszulassen, die Kontrolle aufzugeben.

Schlaf ist etwas Intimes und Persönliches. Legt man sich schlafen, zieht man sich aus und fühlt sich dadurch schutzloser als mit Kleidung. Trotzdem muss man sich entspannen, äußere Reize ausschalten können. Weil wir das wissen, sorgen wir dafür, dass die Kinder sich in der Schlafsituation sicher und wohl fühlen.

Anfangs haben die Kinder noch keinen Tag-Nacht-Rhythmus, sondern ein Schlafbedürfnis, das im Abstand von cirka drei bis vier Stunden entsteht. Nach unserer Erfahrung gewöhnen sie sich relativ schnell und problemlos an den Krippen-Rhythmus, selbst wenn sie die Möglichkeit haben, außerhalb der vorgegebenen Zeiten zu schlafen.

Babys haben noch wesentlich individuellere Schlafzeiten und eine andere Schlafdauer als ältere Kinder. Deshalb können sie jederzeit auch im Gruppenraum schlafen.

Gegen 12.00 Uhr machen die Erzieherinnen die Kinder darauf aufmerksam, dass bald Schlafenszeit ist. Sie holen die Kinder in den Waschraum und bitten sie, sich auszuziehen, wenn sie das schon allein können. Damit die Kinder entspannt schlafen können, ziehen sie sich so weit aus, dass sie nicht schwitzen müssen.

Hosen, Strumpfhosen und Strümpfe werden ausgezogen. Kinder, die das nicht möchten, können die Kleidung anbehalten. Letztendlich entscheiden sie darüber, mit welcher Bekleidung sie sich schlafen legen.

Die Kinder legen die Kleidung in ihre Eigentumskisten, die im Wickelraum in einem Regal stehen.

Danach klettern die Kinder selbstständig über die Treppe auf den Wickeltisch, legen sich dort hin oder bleiben stehen, wenn ihnen das lieber ist, und werden von der Erzieherin gewickelt.

Wenn sie fertig sind, gehen die Kinder wieder in den Gruppenraum. Dort macht eine Erzieherin mit ihnen Fingerspiele und singt Lieder. Die aus dem Waschraum ankommenden Kinder können sich beteiligen.

Nun gehen andere Kinder zum Ausziehen in den Waschraum. So befinden sich in der Regel höchstens vier bis fünf Kinder gleichzeitig im Waschraum, was die Situation entspannt. Sie putzen sich die Zähne, säubern Münder und Hände. Dann gehen sie in den Schlafraum, in dem die Erzieherinnen ihre Schlafplätze schon vorbereitet haben.

Äußere Bedingungen für guten Schlaf

Der Schlafraum wird während der Mittagsmahlzeit gut gelüftet. Er wird nicht verdunkelt, weil Dunkelheit manche Kinder ängstigt. Sind die Kinder müde, schlafen sie auch in einem Raum, der nicht verdunkelt ist. Doch wenn die Sonneneinstrahlung stark ist, wird ein Rollo heruntergezogen.

Die Krippe stellt den Kindern das Bettzeug. So ist gesichert, dass ein einheitlicher optischer Eindruck entsteht. Außerdem kann jederzeit frische Bettwäsche aufgezogen werden, falls das erforderlich ist. Gebrauchte Wäsche wird in die Reinigung gegeben. Die Erzieherinnen bereiten die Schlaforte vor, indem sie Kopfkissen, Bettdecken und alle persönlichen Utensilien bereitlegen, die ein Kind benötigt, um ruhig einzuschlafen: Kuscheltiere, Schnuller, Schmusetücher.

Kommt ein Kind in den Schlafraum, ist sein Platz bereitet. Wenn es möchte, kann es sich an den Vorbereitungen fürs Schlafen beteiligen.

Schlaforte

Zum Schlafen gibt es Einzel- und Gemeinschaftsplätze.

Manche Kinder können nur schwer neben anderen einschlafen – es ist zu unruhig, zu nah, sie nehmen zu viele Reize auf. Deshalb bieten wir verschiedene Schlaforte an. Darüber hinaus haben Kinder unterschiedliche Schlafgewohnheiten. Für Kinder, die eine schützende Abgrenzung ihrer Schlafgelegenheit benötigen, gibt es Körbe oder Höhlen. Hat ein Kind sich für einen Ort entschieden, ist er für die nächste Zeit sein Schlafplatz.

Die Schlafplätze haben verschiedene Größen, teils bedingt durch die Bauweise der Podeste, in die sie eingebaut sind. Auch die Schlafkörbe sind unterschiedlich groß. Deshalb werden für die jeweiligen Orte passend zugeschnittene Matratzen benötigt.
Die Schlafplätze sind mit Kissen, Polstern und Fellen ausgestattet, damit sie gemütlich wirken. Ihre Vielfalt ermöglicht Kindern unterschiedlichen Alters und damit unterschiedlicher Größe, jeweils angemessene Plätze zu finden:

- Nischen,
- Höhlen,
- Hängematten,
- Nester,
- Alkoven,
- Schlafpodeste,
- Schaukelkörbe,
- Matratzen.

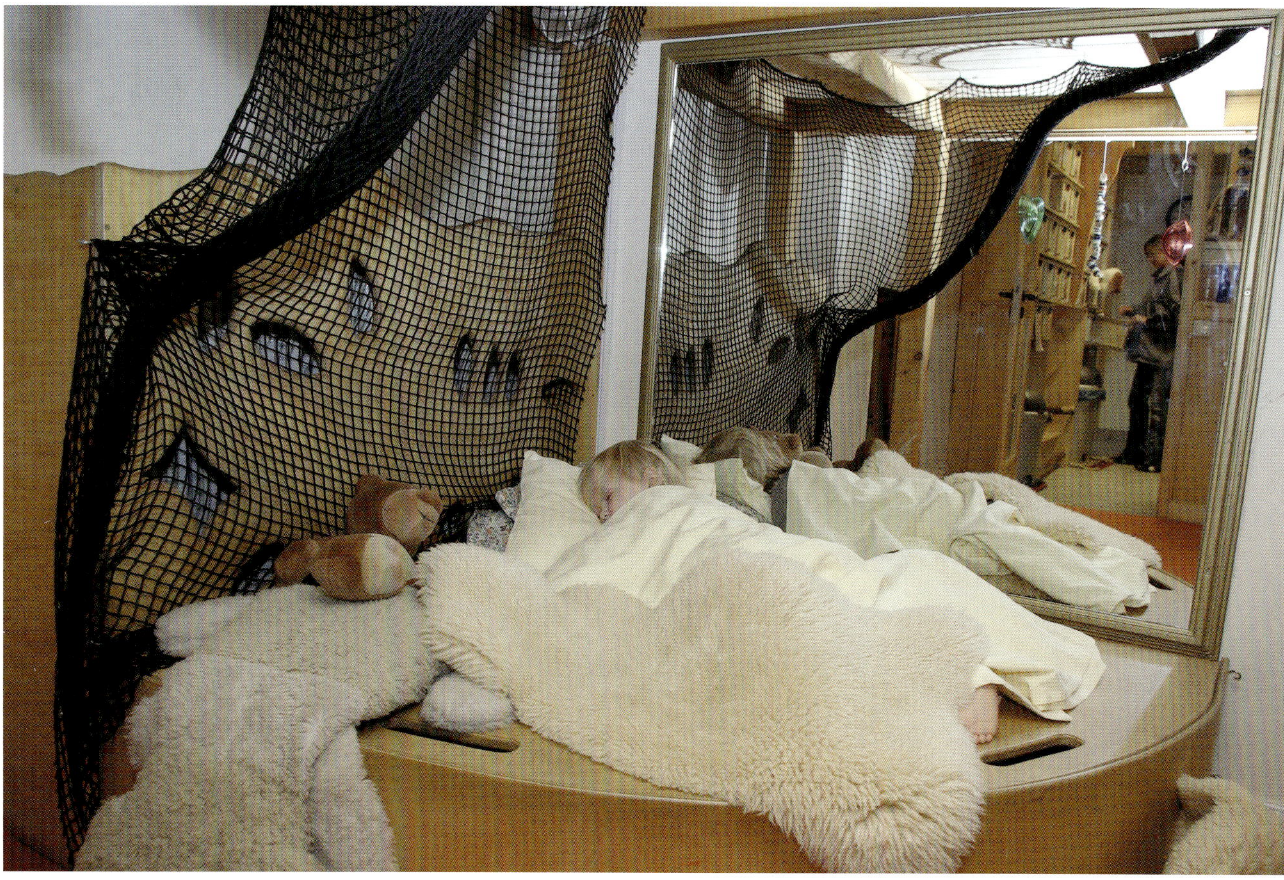

Wir haben keine Gitterbetten, damit die Kinder ihre Schlafplätze selbst erreichen und verlassen können. Für Babys, die noch nicht so mobil sind, dass sie das allein bewältigen, finden wir Hängekörbe wesentlich angenehmer, weil die Kinder von Stoff umgeben sind, so dass sie nicht durch Gitterstäbe schauen müssen.

Manche Krippenmöbel-Hersteller bieten Stockbetten an, eine besondere »Spielart« der Fixierung von Kindern in Gitterbetten, die den Eindruck von Käfighaltung erweckt. Wir lehnen das vehement ab.

Rituale zum Einschlafen

Wir gestalten die Schlafsituation so, dass es wiederkehrende Rituale gibt, die den Kindern Sicherheit und Orientierung bieten. Dazu gehören

- Schlaflieder,
- klassische oder Meditationsmusik,
- Musik aus der Spieluhr,
- die Bilderlampe.

Die Erzieherin legt sich zu den Kindern, die das möchten. Einige Kinder wünschen sich dann, von ihr gestreichelt oder berührt zu werden.

Psychische Bedingungen für guten Schlaf

Damit ein Kind entspannt schlafen kann, braucht es neben den genannten äußeren Bedingungen innere Sicherheit. Sie entsteht, wenn es mit der Erzieherin vertraut ist, die anderen Kinder und den Ort kennt, jeden Tag gleiche Rituale erlebt.

Es ist wichtig, dass Konflikte, die es eventuell am Vormittag gab, vor dem Schlafen bereinigt werden. Betraf ein Konflikt ein anderes Kind, können beide Kinder noch einmal Kontakt miteinander aufnehmen. Gab es einen Konflikt mit der Erzieherin, gibt sie dem Kind die Sicherheit, dass jetzt und nach dem Aufwachen alles wieder in Ordnung ist.

Die Grundhaltung der Erzieherinnen

Kein Kind muss bei uns schlafen. Wir gehen auf individuelle Einschlaf- und Schlafbedürfnisses jedes Kindes ein und wissen, dass die Kinder ihre Schlafbedürfnisse selbst wahrnehmen und äußern können. Druck wird bei uns nicht ausgeübt – weder sanft noch bestimmt.

Die Kinder legen sich schlafen, sie werden nicht schlafen gelegt. Das heißt: Wir achten darauf, dass das Schlafengehen ein aktiver, selbstbestimmter Akt ist und nicht passiv erduldet werden muss.

Die Kinder werden von einer vertrauten Person liebevoll in den Schlaf begleitet. In den ersten Wochen begleitet die Erzieherin, die das Kind eingewöhnt hat, es beim Schlafen, damit es sich sicher und geborgen fühlen kann.

Um eine entspannte Atmosphäre im Schlafraum zu schaffen, ist es wichtig, dass die Erzieherin selbst zur Ruhe kommen kann. Das heißt, sie ist in dieser Zeit ausschließlich für die Betreuung der Kinder im Schlafraum zuständig, wartet, bis alle schlafen, und bleibt im Raum, bis die Kinder wach werden und aufstehen. Gibt es eine Pausenablösung in dieser Zeit, wechselt zwar die betreuende Person, aber während der gesamten Schlafzeit ist eine Erwachsene im Raum, damit die Kinder sofort Hilfe bekommen, wenn sie sich zum Beispiel erbrechen, stark husten, sich verschlucken oder orientierungslos aufwachen. Auf ein Babyphone verlassen wir uns nicht.

Wir vertrauen auf die das Schlafen betreffenden Entscheidungen der Kinder. Sie haben die Wahl, ob sie schlafen, eine Ruhepause einlegen oder spielen wollen. Eine Ruhepause kann so aussehen: Ein Kind sucht sich einen Ort, an dem es ein wenig vor sich hin träumen kann oder sich ein Buch anschaut. Kinder, die spielen wollen, gehen in einen Raum, in dem sie anregende Spielmöglichkeiten finden. Die Entscheidung, nicht zu schlafen, wird also akzeptiert, unterstützt und nicht etwa bestraft.

Auch außerhalb der Schlafzeiten haben die Kinder die Möglichkeit, sich zurückzuziehen und sich auszuruhen.

Die Zusammenarbeit mit Eltern

In der Eingewöhnungszeit, in Tür- und Angelgesprächen und in Entwicklungsgesprächen tauschen wir uns mit den Eltern über die Schlafgewohnheiten ihrer Kinder aus. Soweit es uns möglich ist, gehen wir auf die individuellen Bedürfnisse der Kinder ein.

Manche Eltern wünschen, dass ihr Kind mittags kürzer schläft, als es das von sich aus tut, damit es abends früher ins Bett geht. Wir verstehen uns jedoch als Anwalt des Kindes, richten uns nach seinem Schlafrhythmus und wecken es grundsätzlich nicht auf, weil wir das für ungesund halten. Ein Kompromissangebot von unserer Seite: Das Kind kann sich etwas später hinlegen, so dass sich die Schlafdauer etwas verkürzt.

Wenn wir das erste Gespräch mit den Eltern führen, bitten wir sie, sich schon zu Hause dem Schlafrhythmus in der Krippe anzupassen, damit ihr Kind sich leichter an diesen Ablauf gewöhnt. Eltern, deren Kind zu Hause Schlafprobleme hat, beraten wir gern, wenn sie es möchten.

Lesetipps

Klaus Baumgart und Cornelia Neubert
Lauras Stern
Baumhaus Verlag, Frankfurt 2007

Martin Waddell und Barbara Firth
Kannst du nicht schlafen, kleiner Bär?
Annette Betz Verlag, Wien 1989

Die Sinne als Schlüssel zur Welt

»Nichts ist im Kopf, das nicht vorher in den Sinnen war«, sagen die reggianischen Pädagogen. Das heißt für die Unterstützung von Bildungsprozessen: Wir müssen den Kindern vielfältige Möglichkeiten verschaffen, die Welt mit all ihren Sinnen differenziert wahrzunehmen. Dieses Ziel erreichen wir auf mehreren Wegen: Die Raumkonzeption und die Gestaltung des Außengeländes ermöglichen den Kindern vielfältige Bewegungs- und Wahrnehmungserfahrungen. Der Tagesablauf bietet zahlreiche Gelegenheiten, den eigenen Körper und seine Signale wahrzunehmen und darauf angemessen zu reagieren, zum Beispiel beim Essen, Schlafen, Ruhen und bei allen Aktivitäten.

Pädagogische Angebote der Erwachsenen ermöglichen es den Kindern, all ihre Sinne einzusetzen und zu entwickeln.

Den Körper mit allen Sinnen erleben

Bildung ist verarbeitete Erfahrung. Erfahrungen machen Kinder über ihre Sinne. Sie entwickeln ein Gefühl für ihre Körper und für sich selbst: Sie entwickeln Selbstbewusstsein. Aus diesem Grund halten wir es für besonders wichtig, Kindern Möglichkeiten zu geben, ihre Körper mit allen Sinnen erleben zu können.

Dazu gehören:

- den Körper kennenlernen, Körperpflege, den Körper mittels unterschiedlicher Materialien erleben;
- mit anderer Kindern Körpererfahrungen machen und dabei anderen Körper erleben;
- den ganzen Körper im Spiegel sehen;
- den jahreszeitlichen Wechsel erleben: den Frühling

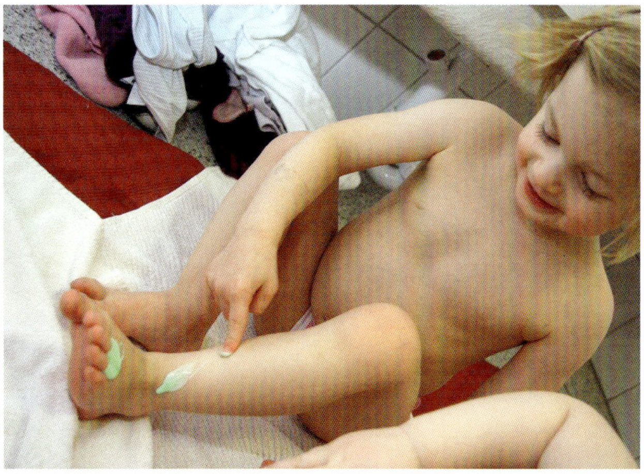

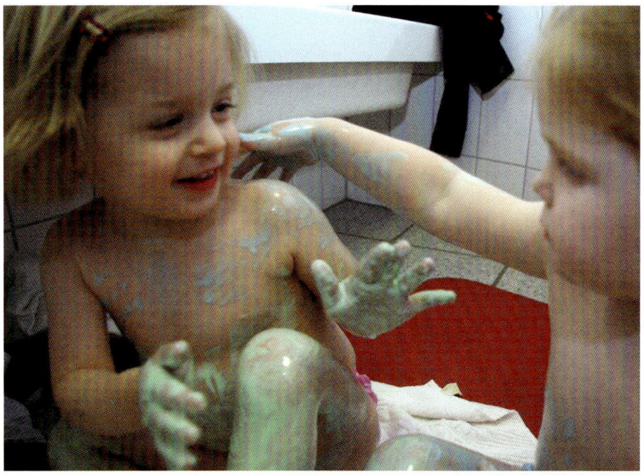

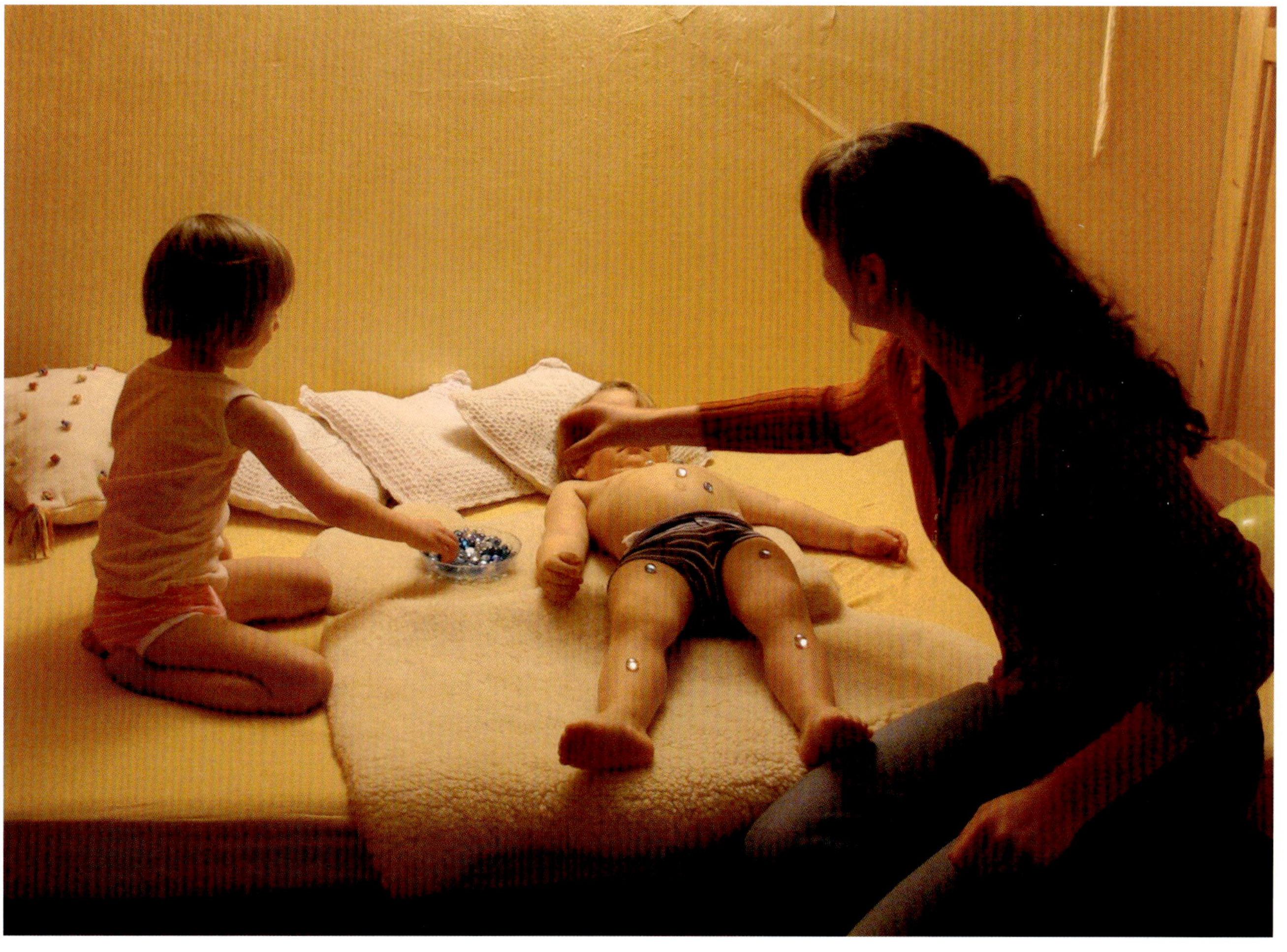

hören, die Sommer-Wärme spüren, die Herbst-Farben sehen, die Winter-Kälte fühlen;

- Experimentierwände, die aus vielen unterschiedlichen Materialien bestehen und die Kinder zum Fühlen oder Berühren ermuntern sollen. Diese Materialien haben unterschiedliche Funktionen, die die Kinder zum Ausprobieren und Nachdenken anregen können.

Wohlfühl-Massagen

Massagen sind eine gute Möglichkeit für Kinder, ihre Körper intensiv zu erleben. Wir wählen dafür einen Raum mit gemütlicher Atmosphäre und angenehmer Beleuchtung.

Für die Massage haben wir eine Unterlage, die weich ist und sich zum entspannten Hinlegen eignet.

Der Entspannung dient auch Musik, am besten klassische oder andere ruhige Musikstücke.

Eine Erzieherin massiert das Kind. Wenn es das möchte, kann es sich bis auf die Windel ausziehen. Wir benutzen Körperlotionen, die unterschiedlich duften, oder belegen den Körper des Kindes mit Glassteinen. Es kann die Kühle der Steine an den Stellen des Körpers fühlen, auf denen die Steine liegen. So lernt das Kind, aufmerksam auf bestimmte Körperstellen zu achten.

Weiterhin haben wir Utensilien wie Massagebälle und -bürsten, Kämme und Federn. Wenn die Kinder es möchten, können sie sich – im Beisein der Erzieherin – gegenseitig massieren.

Massiert die Erzieherin ein Kind, begleitet sie das sprachlich, indem sie die massierten Körperteile benennt. So lernt das Kind die Namen der Körperteile.

Traumreisen

Ein weiteres Angebot für die Jüngsten sind Traumreisen. Dazu schaffen wir eine stimmungsvolle Atmosphäre im Raum. Die Kinder bekommen leichte Seidentücher, mit denen sie sich bedecken können. Manche Kinder lieben es, sich diese Tücher über die Gesichter zu legen und fast völlig darunter zu verschwinden.

Die Erzieherin liest vor oder erzählt eine selbst erdachte Geschichte. Manche Kinder sind in dieser Situation so entspannt, dass sie einschlafen.

Lesetipp

Frederick Leboyer
Sanfte Hände – die traditionelle Kunst der indischen Baby-Massage
Kösel, München 2007

Sinn(en)volle Angebote

Wir möchten die Wahrnehmungsleistungen der Kinder möglichst differenziert und vielfältig unterstützen. Deshalb bieten wir ihnen Anregungen für alle Sinne. Dabei beziehen wir uns auf die wissenschaftliche Differenzierung in körperferne und körpernahe Sinne.[28]

28 Vgl. Schäfer 2003

Die körperfernen Sinne

Sehen
- Licht und Farben;
- Tischdekoration;
- Drehscheibe oder Drehwand: Die Drehscheibe oder Drehwand ist eine große Holzscheibe, die über einen Knauf gedreht werden kann. Auf der Scheibe befinden sich Muster, die sich durch die Drehung bewegen. Sie kann an der Wand oder an der Decke angebracht werden;
- von der Raumdecke hängende Dekorationen;
- Diarahmen im Fenster.

Hören
- Klassische Musik in der Bringe- und Abholzeit hören;
- Rhythmus, Töne und Klang über die Haut erfahren[29];
- dem Klang von Klangschalen folgen;
- den Klang eines Gongs hören und spüren;
- Musik aus anderen Kulturen von der CD hören;
- das Rollen einer Kugel auf verschiedenen Kugelbahnen hören.

Die körpernahen Sinne

Schmecken
- Den Geschmack verschiedener Gerichte und Lebensmittel wahrnehmen.

Riechen
- Unterschiedliche Gerüche von Lebensmitteln und Gerichten wahrnehmen;
- den Geruch von Gegenständen wahrnehmen, zum Beispiel: Strohmatratze im Alkoven.

Fühlen und Tasten
- Verschiedene Materialqualitäten von Gegenständen wahrnehmen, zum Beispiel: Stoff, Sisal, Papier, Gummi;
- verschiedenes Material zum Experimentieren und Gestalten nutzen: Ton und Kleister fühlen;
- Naturmaterial erkunden: Holz, Steine;
- kühlende und wärmende Materialien unterscheiden: kalte Metallplatte, Tadelakt[31] und Sajade[32];
- Fühlbücher, in denen Materialien zum Fühlen befestigt sind, zum Beispiel Fell oder Holz;
- Bohnenbad: eine Kiste oder Wanne, in der ein Kind oder mehrere Kinder sitzen können. Sie ist mit Bohnen gefüllt, weil Bohnen die Hautsensibilisierung fördern. Zum Spielen und Umfüllen haben die Kinder kleine Schaufeln und Gefäße;
- Tastwand: Holzwände, auf denen unterschiedliche Materialien angebracht werden, zum Beispiel Bürsten, Ketten, Schlüssel oder Muscheln;
- Wasser spüren;
- die leichte Wärme einer LED- Lampe spüren.

Gleichgewicht
- Unterschiedliche Höhen, Treppen und verschiedene Untergründe kennenlernen;
- Pfauenfedern auf dem Finger balancieren. Das ist ein Erfolgserlebnis für junge Kinder, da die Federn manchmal länger als die Kinder sind.

Kinästhetisch-tonische Regulation der Muskeln, Sehnen und Gelenke
- Unterschiedlich gestaltete Bewegungsangebote vorfinden: drinnen und draußen, in der Turnhalle[32];
- Mattenschaukel: Um eine Mattenschaukel zu »konstruieren«, werden mehrere Gymnastikreifen über eine Matte gezogen. Dadurch wird sie zusammengedrückt, gebogen und eignet sich wunderbar zum Schaukeln;
- auf der Bank balancieren.

---

29 Dazu eigenen sich die Instrumente Kalimba und Cajon.

30 Tadelakt ist ein wasserfester Kalkglanzputz (Muschelmasse/Kalk), der eine unendliche Vielfalt an Formen und Farben bietet. Der Kalkputz ist seiner Dichte und Wasserbeständigkeit wegen eine besonders gute Alternative zu Fliesen. Er erhält keine toxischen Zusätze und keine Allergene. Seine hohe Alkalität verhindert Schimmelbildung und wirkt antibakteriell. Durch die besondere Verarbeitung des Materials entsteht eine außergewöhnliche Oberfläche, die zum Anfassen reizt. Tadelakt – übersetzt: streicheln oder massieren, was sich auf die Art der Verarbeitung bezieht – wird in Marokko häufig zum Bau von Häusern verwendet.

31 Sajade ist eine Naturfasermischung, bestehend aus Baumwolle, Pflanzen- und Textilfasern sowie Mineralien. Die Fasermischung wird mit Wasser vermischt und in einem Arbeitsgang ohne Verschnitt oder Abfall mit der Glättkelle auf Wände und Decken aufgebracht. Sajade ist baubiologisch geprüft, feuchtigkeitsregulierend, wärmedämmend, schallisolierend und langlebig, da sie unsichtbar auszubessern ist. Sajade ist für den gesamten Wohnbereich und für Feuchträume wie Bäder oder Saunen geeignet. Es gibt einige Hundert unterschiedlich strukturierte ein- und mehrfarbige Muster, die miteinander mischbar sind.

32 Siehe Kapitel »Bewegung in großen Räumen«

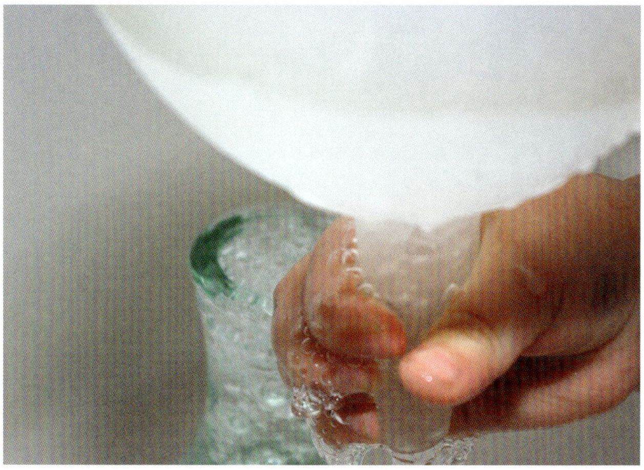

Wasser erleben

Eine Waschrinne in Kinderhöhe befindet sich im Waschraum, damit die Kinder während der Wickelzeit, wenn die Erzieherin nicht zur Verfügung steht, mit Wasser spielen können. Zum Spielen in der Waschrinne eignen sich kleine Gefäße, Schaum, Badewannenfarbe, Waschlappen, kleine Boote und Badeenten.

Für den Gruppenraum haben wir uns extra eine Waschrinne anfertigen lassen – mit einem Wasserhahn, der von den Kindern selbst zu bedienen ist. Das Wasser fließt ohne großen Druck aus dem Hahn. So können die Kinder an der Rinne spielen, ohne sofort komplett nass zu werden oder den Raum unter Wasser zu setzen, und müssen nicht ständig von Erwachsenen beaufsichtigt werden.

Papier be-greifen

Beim Spielen mit Papier sind alle Sinne einbezogen:

- hören, wie Papier raschelt, knistert;
- sehen, mit welchen Farben es bedruckt ist, wie es schwebt;
- fühlen, wie glatt es ist und dass man es knüllen kann;
- sich hineinsetzen und es am ganzen Körper spüren;
- riechen;
- durch Berge von Papier laufen und es hochwerfen.

Spielmaterialien für alle Sinne

Bei den Spielmaterialien achten wir wie bei jeder Anschaffung darauf, den Kindern unterschiedliche Materialqualitäten und Nutzungsmöglichkeiten anzubieten, also Materialien auszuwählen, die nicht nur eine Funktion haben. Zum Beispiel: Tücher, Bohnen, Kastanien, Kissen, Körbe in allen Größen – auch zum Hineinsetzen – und Naturholzklötzer.

Wir stellen den Kindern auch Spielmaterialien auf Tabletts oder in Körben zur Verfügung, die nicht immer bereitliegen. Doch sie werden in einem offenen Regal aufbewahrt, so dass die Kinder sie jederzeit sehen und uns darum bitten können.

Auf diesen Tabletts haben wir Materialien zusammengestellt, mit denen die Kinder unterschiedliche Handhabungen, verschiedene Funktionen und Eigenschaften erproben können: visuelle Wahrnehmung, Größen zuordnen, schütten, gießen...

Die Rolle der Erzieherin

Wenn Kinder ihre Körper mit allen Sinnen erleben, ist besondere Aufmerksamkeit von uns Erwachsenen erforderlich, damit wir sie nicht stören und ihre Intimsphäre respektieren. Wir achten darauf, die Signale der Kinder wahrzunehmen, ihre Körpersprache, Mimik und Gestik zu verstehen, um angemessen darauf reagieren zu können. Unsere Erfahrung ist, dass Kinder schon ab der Geburt deutlich machen können, was ihnen gefällt und was nicht.

Wir sehen unsere Aufgabe darin, das individuell unterschiedliche Bedürfnis nach Körper- und Hautkontakt wahrzunehmen und zu respektieren. Vorlieben und Abneigungen der Kinder für oder gegen bestimmte Materialien akzeptieren wir.

Möchte ein Kind ein Material zunächst nicht mit den Händen berühren oder am Körper spüren, geben wir ihm einen Löffel, damit es sich dem Material langsam und vorsichtig nähern kann. Kinder, die sich bei bestimmten Angeboten nicht ausziehen möchten, zum Beispiel beim Spielen an der Wasserrinne, müssen das nicht tun. Trotzdem können sie das Angebot wahrnehmen und erste Erfahrungen damit machen. Dass die Kleidung dabei nass wird, nehmen wir in Kauf.

Gefühle, die mit den Wahrnehmungen der Kinder verknüpft sind, wollen wir verstehen und benennen sie – manchmal mit einer Frage: Du freust dich jetzt? Du magst das jetzt gar nicht? So lernen die Kinder, ihre Gefühle zu benennen.

Pflegerische Tätigkeiten begleiten wir sprachlich, so dass die Kinder die Namen der Körperteile und die Wörter für Tätigkeiten sowie die damit verbundenen Gefühle kennenlernen.

Lesetipps

Jujja und Tomas Wieslander, Sven Nordquist
Mama Muh schaukelt
Oetinger, Hamburg 2004

Jacques Duguennoy
Camilla sieht alles rosarot
Gerstenberg, Hildesheim 2007

Im Spiegel

Spiegel fördern die Wahrnehmungsfähigkeit und das räumliche Sehen. Deshalb gibt es in unserer Krippe viele unterschiedliche Spiegel, und die Kinder haben jederzeit die Möglichkeit, sich, andere Kinder, Erwachsene und Gegenstände darin zu betrachten. Beim Blick in den Spiegel können sie mit ihrer Körpersprache, mit Mimik und Gestik experimentieren. Es macht ihnen Spaß, sich im Spiegel zu betrachten.

Wichtig ist, dass Kinder Spiegel vorfinden, die es gestatten, dass sie sich in voller Größe sehen und nicht nur einen Teil von sich wahrnehmen.

Im ersten Lebensjahr kann ein Kind sich in der Regel noch nicht im Spiegel erkennen. Erst wenn es Wissen um sein Selbst erworben hat, erkennt es sich. Die Konfrontation mit dem Spiegelbild kann diesen Prozess unterstützen.

Kleine Kinder lieben die glatte, reflektierende Fläche eines Spiegels, der es ermöglicht, sich Dinge aus unterschiedlichen Perspektiven anzusehen.

Spiegel unterstützen die Identitätsentwicklung. Erkennt ein Kind sich im Spiegel, hat es einen wichtigen Schritt der Identitätsentwicklung vollzogen.

Wie reagieren Kinder unterschiedlichen Alters auf ihr Spiegelbild? »Im 6. bis 12. Lebensmonat werden Kinder auffällig aktiver, wenn sie sich im Spiegel erblicken, weil sie erkennen, dass jede von ihnen durchgeführte Bewegung auch im Spiegel durchgeführt wird. Dem Spiegelbild wird zugelächelt, es wird berührt, sie wollen ihm etwas geben, verhalten sich wie gegenüber einem anderen Kind. Im 13. bis 18. Lebensmonat beginnen Kinder zu verstehen, dass sich auch hinter dem Spiegel noch etwas befinden kann. Die Verhaltensweisen variieren stark von scheu bis freudig aufgeregt. Im 19. bis 24. Lebensmonat nimmt die Befangenheit ab, und Kinder beginnen, sich selbst im Spiegelbild zu erkennen. Es gibt Annahmen darüber, dass mit der Fähigkeit, sich im Spiegel zu erkennen, erste Vorformen von Einfühlungsvermögen/Empathie und Perspektivübernahme auftreten.«[33]

33 Vgl. Kasten, Hartmut 2005, S. 139-141

Kommunikationsfreudige Kinder und Erwachsene

Kommunikation ist ein menschliches Grundbedürfnis. Jeder Mensch möchte anderen Menschen etwas mitteilen und von ihnen etwas mitgeteilt bekommen, um seine Bedürfnisse zu befriedigen und sich der Gemeinschaft zugehörig fühlen zu können.

Jedes Kind ist von Anfang an in der Lage zu kommunizieren. Zunächst tut es das vorsprachlich: Blickkontakt, Mimik, Gestik und Körpersprache werden eingesetzt, um Bedürfnisse zu äußern und darauf Antwort zu bekommen.

Die erwachsenen Bezugspersonen versuchen herauszufinden, was die Äußerungen des Kindes bedeuten, und antworten durch Handeln und mittels Sprache. Durch dieses Wechselspiel differenzieren sich die nonverbalen Ausdrucksmöglichkeiten des Kindes im Laufe seiner Entwicklung zunehmend.

Dabei spielt das Schreien eine elementare Rolle. Es ist eine Art Lebensversicherung des Kindes. Damit sorgt es dafür, dass seine Bedürfnisse erfüllt werden.

Versucht man zu verstehen, welches Bedürfnis hinter dem Schreien des Kindes steht – Hunger, Anspannung, Ruhe, Aktivität –, differenziert sich das Schreien meist innerhalb kürzester Zeit so stark, dass man heraushören kann, was das Kind möchte. Das heißt: Je achtsamer ein Erwachsener auf die Bedürfnisäußerungen eines Kindes eingeht, umso differenzierter lernt es, sich auszudrücken.

Aus diesem Grunde bemühen wir uns, die Signale der Kleinsten besonders sensibel wahrzunehmen und angemessen darauf zu reagieren. Ob unsere Reaktion für ein Kind wirklich angemessen ist, zeigt es uns: Es lächelt, weint, schaut erschrocken, dreht sich angewidert weg...

Damit Kinder sich auf ihre Wahrnehmungen verlassen können, verzichten wir nicht nur auf Ironie, sondern halten sie für ausgesprochen unfair. Die Kinder nehmen unsere Mimik und Stimmlage wahr, können also nicht verstehen, wenn unserer Aussage dem nicht entspricht.

Kinder lernen in den frühen Lebensjahren von Vorbildern, indem sie sie nachahmen. Das heißt, Kommunizieren lernen Kinder durch erlebte Kommunikation mit Erwachsenen und anderen Kindern. Aus diesem Grund wollen wir ihnen gute Kommunikationsvorbilder sein und ihnen die Erfahrung ermöglichen, dass sich Erwachsene einfühlen können, sich mit ihnen verständigen möchten und das unter anderem über die Sprache versuchen. So lernen Kinder Empathie.

Die gesprochene Sprache auf der Grundlage dieser Erfahrungen zu benutzen ist ein nächster Schritt

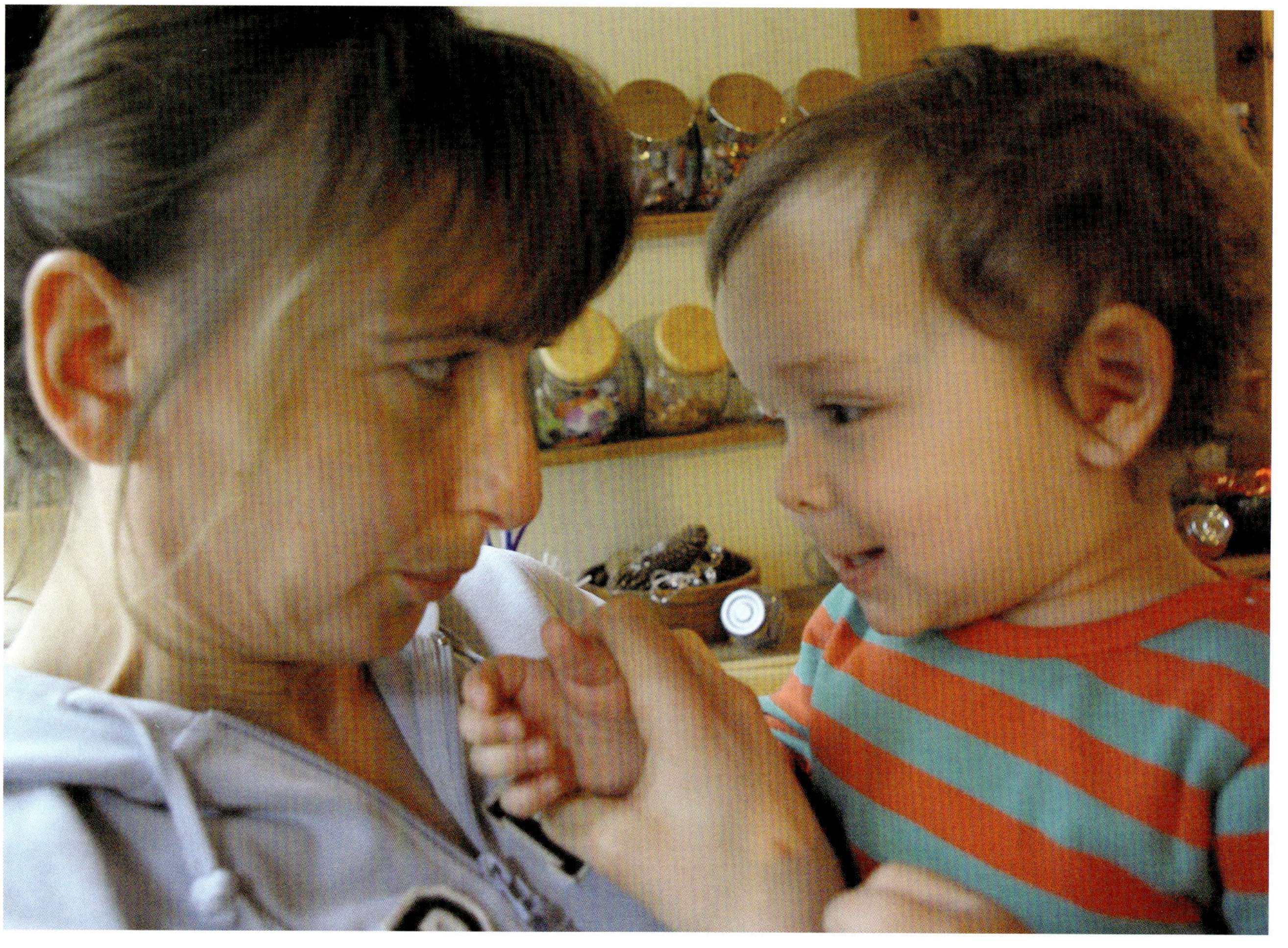

in der kindlichen Entwicklung. Um Kinder in ihrer Sprachentwicklung zu unterstützen, begleiten wir unser Handeln verbal, informieren sie über unsere Absichten und animieren sie, ihre Zustimmung oder Ablehnung zu äußern. Die sprachliche Benennung von Handlungen und Gegenständen hat zur Folge, dass Kinder sprechen lernen und sich einen Wortschatz aneignen können.

Auch in der Kommunikation unter uns Erwachsenen bemühen wir uns, achtsam zu sein. Da Kinder schon früh lernen, Stimmungen über die Stimmlage eines Menschen zu erspüren, können sie in einem Gespräch zwischen Erwachsenen – Erzieherinnen miteinander und mit Eltern – heraushören, ob alles in Ordnung ist oder nicht. Deshalb achten wir darauf, dass der morgendliche Kontakt zwischen Eltern und Erzieherinnen zugewandt und nicht hastig verläuft. Die Eltern haben die Möglichkeit, uns mitzuteilen, ob es besondere Vorkommnisse seit dem Vortag gab, die wir wissen sollten. Sie können uns über den kommenden Tag informieren, über Abholzeiten oder Personen, die das Kind abholen werden. Wir können sie informieren, was wir für den Tag geplant haben.
Wenn die Eltern ihre Kinder abholen, nehmen wir uns Zeit, um ihnen wenigstens zwischen Tür und Angel von den Erlebnissen der Kinder zu berichten. Wir informieren sie auch, wenn etwas Unschönes passiert ist, damit sie sich nicht über einen blauen Fleck oder eine Beule wundern und verstehen, warum ihr Kind traurig ist.

Sprache fördern

Sprachförderung bedeutet für uns, mit den Kindern wirklich zu kommunizieren und keine künstlichen Fördersituationen zu produzieren. Wir verstehen uns als Sprachvorbilder und benutzen keine Verniedlichungen wie »Wauwau« oder »Heia«, damit die Kinder von Anfang an die richtigen Begriffe für Situationen und Dinge lernen. Mit den Kindern sprechen wir nicht in kurzen Befehlssätzen, bemühen uns aber darum, uns klar auszudrücken. Wenn Anweisungen erforderlich sind, formulieren wir sie kurz, prägnant und freundlich.

Häufig erleben wir in Abholsituationen, das Eltern ihre Kinder fragen: »Möchtest du Paul besuchen, ein Eis essen oder auf den Spielplatz gehen?« Diese Fülle

an Alternativen überfordert Zweijährige. Auch wir ertappen uns manchmal dabei, viel zu komplizierte Sätze zu bilden, statt uns kurz und verständlich auszudrücken. In dieser Hinsicht sind uns die ältesten Kinder gute Sprachvorbilder.

Wenn wir Kinder ansprechen, benutzen wir keine Wir-Formulierungen, in denen meist eine Anweisung steckt: »Wir ziehen uns jetzt aus.« Oder: »Wir gehen jetzt zur Toilette.« Vielmehr beschreiben wir den Sachverhalt und sagen, was wir wollen: »Geh jetzt bitte in den Waschraum und zieh dir schon mal deine Sachen aus.«

Besonders achten wir darauf, dass unseren Äußerungen nicht genau dem entsprechen, was die Kinder nicht tun sollen, zum Beispiel laut schreiend einzufordern: »Schreit doch nicht so!« Wenn wir Kindern etwas zu sagen haben, gehen wir zu ihnen und sprechen mit ihnen auf Augenhöhe, denn: Es ist unsere Aufgabe, uns den Kindern zuzuwenden – und nicht umgekehrt.

Wir erzählen und lesen vor, denn die Kinder lassen sich gern etwas erzählen, hören gern zu und bekommen gern etwas vorgelesen. Deshalb haben sie jederzeit Zugang zu den Bilderbüchern. Wenn wir den Jüngsten etwas vorlesen, geht es oft nicht um den Wortlaut eines Buchs, sondern wir treten mit den Kindern in den Dialog über das, was sie auf den Bildern sehen, was sie dazu denken und was wir dazu denken. Dadurch fordern wir sie auf, eigene Überlegungen zu formulieren – je nach Sprachvermögen. Das Hören literarisch gestalteter Sprache erweitert ihren Wortschatz, der sich aus der Alltagssprache heraus entwickelt.

Manchmal lesen wir den Kindern auch Texte in deutschen Dialekten vor, zum Beispiel in Bayrisch oder Plattdeutsch, damit sie einen anderen Klang erleben. Meist hören sie konzentriert zu und bemühen sich, bekannte Wörter herauszuhören. Oder sie staunen, dass die Erzieherin, die sie sonst verstehen, plötzlich so unverständlich spricht. So erleben sie, dass man verschiedene Sprachen sprechen und hören kann.

Eine ähnliche Reaktion löst auch das Hören fremd klingender Töne aus, zum Beispiel bei chinesischer Musik: Was höre ich da? Ist das Musik?
Die Erzieherin bleibt den Kindern in Situationen, in denen fremde Sprache oder Musik ertönt, zugewandt und erklärt, dass sie jetzt eine fremde Sprache spricht oder dass die Musik aus einem fernen Land stammt. So sind die Töne zwar fremd, aber die Situation ist nicht angstbesetzt, sondern kann Interesse und genaues Hinhören auslösen.

Nichtsprachlicher Ausdruck

Achtzig Prozent der menschlichen Kommunikation finden über nichtsprachlichen Ausdruck, also über Körpersprache, Mimik und Gestik statt.

Die Entwicklung der Sprache beruht darauf, dass Mutter und Kind Signale senden, zum Beispiel: Der Säugling schreit, die Mutter versucht zu verstehen, warum er schreit, und darauf zu reagieren. Darüber treten beide in einen Dialog, in dem das Kleinkind besonders die Mimik seines Gegenübers, dessen Körperhaltung (angespannt oder locker) und dessen Stimmlage (aufgeregt oder beruhigend) registriert. Solche Signale zu verstehen, das lernt ein Kind vom Tag seiner Geburt an. Deshalb sind Erwachsene für das Kind wichtig, die in ihrer Mimik, Körpersprache und Gestik klar, eindeutig und authentisch sind. Ebenso wichtig sind Erwachsene, die den nichtsprachlichen Ausdruck des Kindes för-

dern und unterstützen, die Lust auf den spielerischen Umgang damit haben, sich ihm zum Beispiel mit pantomimischen Gesten, mit Zeichensprache, Fingerspielen, Liedern oder Reimen zuwenden und dabei bestimmte Bewegungen vollführen. Dies ist für das Kind meist sehr belustigend.

Andere Kinder sind ebenfalls wichtig, um nichtsprachlichen Ausdruck zu erproben.

Kinder haben 100 Sprachen

»Kinder haben 100 Sprachen, um sich auszudrücken – die gesprochene Sprache ist eine davon.« Dieser Satz stammt von Loris Malaguzzi, dem Initiator der italienischen Kinderkrippen und Kitas in Reggio/Emilia. Er verweist darauf, dass es für Kinder viele unterschiedliche Möglichkeiten gibt, miteinander zu kommunizieren und ihre Gefühle, Wünsche, Stimmungen und Bedürfnisse auszudrücken. Deshalb sorgen wir dafür, dass neben der Förderung des sprachlichen Ausdrucks auch anderen Ausdrucksformen wie Musik, Tanz und Rollenspiel im Krippen-Alltag ausreichend Platz finden.

Musik und Tanz

Musik ist eine der 100 Sprachen, die Kinder nutzen können, um sich auszudrücken. Schon ungeborene Kinder reagieren im Mutterleib mit Bewegungen auf Musik. Von Beginn des Lebens an sind Kinder von Klängen, Geräuschen und Lauten umgeben, die sie zuzuordnen lernen. Das Gehör ist der erste Fernsinn, der ausgebildet wird.

Musik wirkt beruhigend, anregend, vermittelt gute Laune, entspannt und regt zum Tanzen an. Beim

Hören von Musik wird das Gehör geschult, und das Glückshormon Dopamin wird ausgeschüttet.

Kinder lieben Musik vor allem in Verbindung mit Bewegung und sprachlichem Ausdruck. »Liedern und rhythmisch gesprochenen Reimen, vor allem wenn sie mit Bewegung kombiniert werden, (kommt) eine besondere Bedeutung zu. Säuglinge und Kleinkinder reagieren darauf mit großer Faszination – sie können eigentlich nie genug davon bekommen. Kose- und Neckspiele, Wiegenlieder und Spiellieder, Kniereiter und Tänze geben nicht nur multisensorische Anregungen sondern fördern durch die emotionale Zuwendung und den direkten menschlichen Kontakt soziale Kompetenzen.«[34]

Vielfach nutzen die Kinder den eigenen Körper als Instrument. Sie klatschen, stampfen, klopfen sich auf die Knie und produzieren die unterschiedlichsten Geräusche. Mit folgenden Musikinstrumenten haben wir gute Erfahrungen bei Kindern unter drei Jahren gemacht:

- Klanghölzer und Klangstäbe,
- Trommeln,
- Tambourin,
- Schütteleier,
- Rasseln jeder Art,
- Kalimba,
- Cajon.

34 Aus: Hirler 2007, S. 8

CDs mit Liedern in verschiedenen Sprachen oder mit Werken unterschiedlicher Musikstile und Kulturen werden eingesetzt, um Hörerlebnisse zu schaffen. Wir nutzen auch Geräusche-CDs, auf denen Tierstimmen, Baustellenlärm oder Geräusche aus dem Alltag der Kinder zu hören sind.

Lesetipp

Sabine Hirler
Neue Singspiele und Musikprojekte
Herder, Freiburg/Basel 2007

Rollenspiel

Für das Rollenspiel interessieren sich die Kinder in der Regel ab zwei Jahren. Zunächst spielen sie einfache Situationen nach: Sie kochen Tee, backen Kuchen, waschen ab, bohren mit der Bohrmaschine Löcher, reparieren Autos und fahren damit. Solche Rollenspiele sind meist kurz, und die Kinder lassen sich schnell von anderen Situationen ablenken, wenden ihre Aufmerksamkeit etwas Neuem zu.

Die nächste Stufe des Rollenspiels: Die Kinder beginnen, sich längerfristig mit einer gespielten Rolle zu identifizieren. So wollte ein Junge Feuerwehrmann sein. Er zog sich die Verkleidung an, war selbst beim Mittagessen Feuerwehrmann, und auf der Kinderreise stieg er mit uns in ein ausgetrocknetes Flussbett, um die Steine wegzuräumen. Andere Jungen teilen die Fußballleidenschaft ihrer Väter, kamen während der Weltmeisterschaft jeden Tag in Fußballtrikots und waren ganztägig als Fußballspieler unterwegs. Mädchen übernehmen in der Regel die Rolle der Mama oder sind Reiterin.

Meist werden die Rollenspiele von den Kindern sprachlich kommentiert und entstehen spontan – oft aufgrund vorhandener Utensilien, die zu einem bestimmten Tun anregen. Aus diesem Grunde bieten wir den Kindern anregende Materialien zum Verkleiden an: Hüte, Tücher, Schuhe und Kleidungsstücke. Die Mädchen wählen gern Kleider, die Jungen setzen sich Bauarbeiterhelme auf und schleppen Verkehrshütchen durch die Räume. Jungen und Mädchen benutzen gern diverse Transportmittel: Taschen, Körbe oder Koffer. Dies zeigt, dass die Kinder sich im Rollenspiel mit ihren Lebenserfahrungen auseinandersetzen. Dazu gehört auch die Auseinandersetzung mit ihrer Geschlechtsidentität.

Kinder beschäftigen sich schon früh damit, wie ein Mädchen oder ein Junge sein soll, wie Männer und Frauen sind. Dabei entwickeln sie eine Vorstellung davon, wer und wie sie selbst sind. »Neuere Forschungen betonen die aktive Rolle, die Mädchen und Jungen bei der Entwicklung ihrer Geschlechtsidentität und der Ausprägung geschlechtsbezogener Verhaltensweisen übernehmen. Ausgehend von der Vielfalt von Möglichkeiten und Modellen, die Kinder in ihrem Alltag erleben, gestalten sie ihr individuelles Mädchen- oder Junge-Sein selbst (doing gender). Dabei setzen sie sich in unterschiedlicher Weise mit geschlechtstypischen Erwartungen und Zuschreibungen auseinander.«[35]

Wir halten es deshalb für wichtig, dass Kinder Männer und Frauen als Rollenvorbilder in der Krippe erleben, damit sie sich bei der Entwicklung der Geschlechtsidentität an Vorbildern orientieren können. Da ein Mann unsere Krippe leitet, haben die

35 Aus: Aktionsforschungsprojekt 2002, S. 14

Kinder die Chance, im Krippen-Alltag Erfahrungen mit einer männlichen Rolle zu sammeln. Manche Jungen machen von dieser Möglichkeit Gebrauch und statten dem Mann im Haus gern Besuche ab, spielen mit ihm, erzählen und zeigen ihm etwas.

Bei den Spielmaterialien stehen »typisches« Mädchen- und Jungenspielzeug zur Auswahl. Wenn Kinder es ausprobieren, bewerten wir das nicht – weder positiv noch negativ.

Kinder im Alter bis zu drei Jahren spielen in der Regel nicht Theater. Die Fähigkeit und die Lust, festgelegte Rollen in einem Stück nachzuspielen, entwickeln sich erst später. Manche Krippenkinder lieben es jedoch, sich Kindertheateraufführungen und Puppentheater anzusehen. Wir organisieren solche Unternehmungen, sind aber achtsam bei der Auswahl der Kinder, die wir dazu einladen, denn wir haben schon erlebt, dass Kinder von der Darstellung überfordert waren und Angst bekamen. Das war meist der Lautstärke geschuldet. Sehr laute und schnelle, bewegte Stücke eignen sich nicht, weil viele Kinder nicht einschätzen können, ob das Geschehen auf der Bühne Realität oder Spiel ist. Deshalb informieren wir uns vor einem Theaterbesuch genau.

Schriftkultur erleben

Schriftkultur können die Kinder erleben, indem sie

- Einladungen und Aushänge für Eltern wahrnehmen;
- Beschriftungen mit ihren Namen und Fotos von sich und ihren Familien an den Eigentumsfächern sehen;
- fremde Schriftzeichen sehen, zum Beispiel ein chinesisches Schriftzeichen, das wir zur Begrüßung einer chinesischen Familie zeichneten;
- unterschiedliche Schriften in Büchern sehen.

Medien kennenlernen

Medien können die Kinder kennenlernen, indem sie

- sich Fotos ansehen, die wir gemacht und eingeklebt haben;
- Kassetten und CDs hören;
- sich mit uns Filme aus dem pädagogischen Alltag und Reisefilme ansehen;
- die Bilder im digitalen Bilderrahmen ansehen.

Der Lebensweltbezug

Wir verstehen uns als eine pädagogische Institution im Stadtteil und stehen in Wechselbeziehung zu den Menschen, die in diesem Stadtteil leben. Immer wieder suchen wir nach Möglichkeiten, in Kommunikation miteinander zu treten.

Unsere Krippe soll für die Kinder keine sozialökologische Nische sein, sondern dazu beitragen, die Verinselung von Kindern aufzuheben. Die Kinder sollen ihre Krippe als Teil ihres Lebensraums im Stadtteil begreifen. Deshalb gehört die Erkundung des Stadtteils zu unserem pädagogischen Angebot. Dazu zählen Spaziergänge ebenso wie der Aufenthalt auf den umliegenden Spielplätzen und der Besuch bei der Feuerwehr oder anderen Stadtteilinstitutionen.

Wenn wir in den Stadtteil ausschwärmen, wollen wir ihn auch in die Krippe hineinlassen. Interessierte Bürger sind uns willkommen. Sie erhalten die Gelegenheit, sich über unsere Arbeit zu informieren und zu erleben, wie ein Ort, an dem Kinder heranwachsen, gestaltet ist. Auch für ehemalige Eltern und Kinder bleibt die Krippe Begegnungsort. Wir freuen uns über ihre Besuche, und sie sind uns bei jedem Fest willkommen.

Wichtige Kooperationspartner sind die pädagogischen und sozialen Institutionen im Stadtteil, um die pädagogische Arbeit und Angebote abzustimmen. Die enge Zusammenarbeit mit den umliegenden Kindertagesstätten schätzen wir, da wir die Kinder in unserer Einrichtung auf den Wechsel in eine dieser Kitas vorbereiten.

In der Stadtteilarbeit engagieren wir uns dort, wo es um die Belange von Kindern geht. Unser Ziel ist die Verbesserung und Erweiterung der sozialräumlichen Bedingungen für Kinder in unserem innerstädtischen Bezirk. Der Sensibilisierung der Stadtteilöffentlichkeit und der Kommunalpolitik für das bildungspolitische Ziel, Kindern im Stadtteil Erfahrungsräume zu sichern, in denen sie als Akteure leben und handeln können, gilt unser Hauptinteresse.

Die Bedeutung der Kindergemeinschaft

Die Kindergemeinschaft hat eine wichtige Bedeutung für die Entwicklung sozialen Verstehens und Verhaltens. Freundschaften zwischen Kindern sind eine notwendige Ergänzung zu den – eher ungleichgewichtigen – Beziehungs- und Bindungserfahrungen mit den Erwachsenen. In den Beziehungen mit anderen Kindern erleben Kinder Wechselseitigkeit und Austausch auf gleicher Ebene. Sie müssen sich einigen, Kompromisse suchen und Konflikte lösen. Von sich aus müssen sie Kontaktaufnahme betreiben und Beziehungen pflegen, wenn sie die Freundschaft eines Kindes wünschen. All dies sind sehr

anspruchsvolle soziale Lernprozesse, die Kinder von Anfang an aus sich heraus und aktiv gestalten. Wir stützen die Kinderbeziehungen und geben ihnen den Raum, den sie brauchen. Die Kindergemeinschaft ist für uns ein soziales Gebilde, das der bewussten Gestaltung und Pflege bedarf.

Kinder benötigen individuellen Raum für ihre Entwicklung, aber auch gemeinschaftliche Erfahrungen, die die Gruppenidentität stärken und einen Bezug zu dieser Gemeinschaft ermöglichen. Dazu gehören gruppenübergreifende Aktivitäten innerhalb und außerhalb der Einrichtung, Kleingruppenarbeit zu bestimmten Projekten und Kinderfreundschaften über die eigene Gruppe hinaus.

Lesetipps

Eva Tharlet
Das verspreche ich Dir
Knister Verlag, Bargeteheide 2006

Anna Casales und Marco Campanella
Freunde sind stark
Coppenrath, Münster 2006

Anna Casales und Marco Campanella
Anton und Tilli
Coppenrath, Münster 2006

Ingrid und Dieter Schubert
Papa Bär hat es schwer
Sauerländer, Düsseldorf 2000

Traditionen, Feste, Feiern und Rituale

Feiern und Feste, Ausflüge und Reisen sind ein wichtiger Bestandteil unseres Krippen-Lebens. Es macht uns Spaß, Feste vorzubereiten, zu feiern und mal aus dem Alltag herauszutreten. Viele Feste feiern wir mit den Eltern, so dass wir als Gemeinschaft – Kinder, Eltern und Erzieherinnen – zusammenwachsen.

An den Dekorationen können die Kinder erkennen, welches Fest wir feiern. So entsteht ein Wiedererkennungswert, der ihnen Orientierung und Sicherheit bietet, der es ihnen ermöglicht, ein Gefühl für Zeit und Rhythmus zu entwickeln. Besuchen Kinder aus unterschiedlichen Kulturen die Krippe, feiern wir auch ihre Feste.

Geburtstag

An seinem Geburtstag steht jedes Kind im Mittelpunkt, wird besonders beachtet und beschenkt. Der Geburtstag wird bei uns an dem Tag gefeiert, an dem das Kind Geburtstag hat – sofern er nicht auf einen Feiertag oder das Wochenende fällt –, damit das Kind den Bezug zu diesem Fest herstellen kann. Vorher klären wir mit den Eltern, was für die Feier benötigt wird und was sie mitbringen können, zum Beispiel selbstgemachten Kuchen oder Knabberzeug. Die Wahl überlassen wir ihnen.

Die Erzieherinnen setzen sich mit den Kindern am Vormittag zusammen. Das Geburtstagskind darf sich ein Lied wünschen, das von allen gesungen wird. Danach kann es sich ein kleines Geschenk aus einer Kiste aussuchen, die die Erzieherinnen bestückt haben. Während es mit seinem Geschenk beschäftigt ist, wird noch ein Lied gesungen.

Auf dem Tisch liegt ein Geburtstagsset für das Kind, auf dem eine Holzeisenbahn steht, die mit Kerzen bestückt ist. Die Kerzen darf das Kind später auspusten. Von der Kita bekommt es einen kleinen Geburtstagskuchen auf einem Teller, mit einer Serviette dekoriert. Diesen Kuchen nimmt es mit nach Hause.

In einer Gruppe der Krippe darf sich das Geburtstagskind auf einen besonderen Stuhl setzen, der wie ein Thron aussieht.

Fasching

Am Rosenmontag feiern wir Fasching. Die Eingangshalle – alle Möbel werden ausgeräumt – und einen Gruppenraum schmücken wir am Freitag zuvor, damit die Faschingsfeier gleich am Montagmorgen beginnen kann.

Kinder, die mögen, können verkleidet in die Krippe kommen. Für Kinder, die das nicht mögen, bringen die Eltern etwas zum Verkleiden mit. Wir achten im Laufe des Tages darauf, diese Kinder zu fragen, ob sie sich verkleiden möchten und wie. Während die Kinder das individuell entscheiden, wählen wir Erwachsene ein Verkleidungs-Thema für uns aus, verändern uns aber nicht bis zur Unkenntlichkeit, damit die Kinder sich nicht fürchten.

Schon morgens läuft Musik zum Tanzen in der Halle, und es gibt beutelweise Konfetti. Jeder, der möchte, kann sich in der Halle aufhalten. Während des Vormittags bleibt das so; in zeitlichen Abständen werden kleine Spielangebote gemacht. Kinder, denen der Trubel zu viel wird, können sich mit einer Erzieherin in einen Gruppenraum der ersten Etage zurückziehen.

Zum Mittagessen gibt es ein Buffet in der Halle, mit Pommes und Würstchen von Papptellern. Danach sind meist alle so müde, dass sie dringend ein Erholungsschläfchen brauchen. Nach dem Schlafen entscheidet jedes Kind, ob es sein Kostüm wieder anziehen möchte, wird neu geschminkt und kann in die Halle gehen.

Während der Schlafenszeit werden im Gruppenraum Sitzgelegenheiten für die Eltern aufgebaut. Wenn sie kommen, gibt es Waffeln, Kirschen, Apfelmus und Laugenbrezeln. Viele Eltern haben sich auch verkleidet, tanzen und feiern mit.

Manchmal dauert das Fest bis 18.00 oder 19.00 Uhr. Dann sind die Beteiligten immer noch gut gelaunt, aber rechtschaffen müde, und treten den Heimweg an.

Ostern

Zu Ostern werden im Garten Ostereier für die Kinder versteckt. Alle essbaren Dinge, die sie draußen finden, dürfen sie aufessen. Am Nachmittag gibt es Kakao, Süßigkeiten und ein kleines Geschenk von uns. Die Ostereier, die sie angemalt haben, dürfen die Kinder mit nach Hause nehmen.

Sommer- oder Herbstfest

Das Sommer- oder Herbstfest findet an einem Samstag statt. So können wir es vorbereiten, ohne gleichzeitig die Kinderbetreuung sichern zu müssen. Jedes Jahr entscheiden wir neu, zu welcher Jahreszeit wir feiern wollen. Da manchmal bis zu 200 Menschen kommen, müssen wir alle Kräfte mobilisieren.

Ab 15.00 Uhr, wenn die Kinder ihren Mittagsschlaf beendet haben, kommen die Besucher: Eltern, Kinder, Freunde der Eltern mit ihren Kindern, Großeltern und Ehemalige oder andere Interessierte. Wir bieten unterschiedliche Aktivitäten an: die Hüpfburg, Angelspiele, Schminkmöglichkeiten, Schatzsuche, Riesenseifenblasen... Bei einer Tombola gibt es Gewinne, die umliegende Geschäftsleute gesponsert haben.

Das Außengelände der Krippe schmücken wir mit Fähnchen, Wimpeln und Sonnenschirmen. Wir sorgen für Sitzgelegenheiten und Stehtische für die Erwachsenen. Die Kinder können sich an einer Saftbar bedienen. Die Eltern bringen Kuchen für das große Kuchenbuffet mit. Am späteren Nachmittag gibt es ein Barbecue, zu dem die Eltern die Salate beisteuern.

Bei diesem Fest präsentieren wird unsere pädagogische Arbeit nicht, sondern das Zusammensein dient dazu, den persönlichen Kontakt zu den Eltern zu vertiefen. Gleichzeitig knüpfen wir hiermit an die Tradition an, sich als Gemeinschaft zu erleben, die gemeinsam zum Gelingen des Festes beigetragen hat.

Meist klingt das Fest gegen 19.00 Uhr aus. Danach setzt sich das Team zum Grillen zusammen und nutzt die Gelegenheit zum persönlichen Austausch, denn während des Festes hatten sich die Kolleginnen um die Gäste gekümmert.

Film- und Bastelabend mit den Eltern

Der Film- und Bastelabend findet immer am letzten Donnerstag im November statt, weil der darauffolgende Sonntag der 1. Advent ist. Bis zu diesem Zeitpunkt haben wir unser Haus weihnachtlich dekoriert.

Wir beginnen den Abend um 19.00 Uhr, damit die Eltern ihre Kinder ins Bett bringen können. Viele Eltern sorgen für Kinderbetreuung, damit sie zu zweit kommen können. Bevor die Eltern eintreffen, versammelt sich das Team zum Abendessen – eine kleine Pause nach dem langen Arbeitstag ist nötig.

Wenn die Eltern kommen, sind die Tische in einem Gruppenraum weihnachtlich für sie dekoriert. Es gibt Kaffee, selbstgebackenen Butterkuchen und Teller mit Nüssen und Mandarinen. Schnell und ungezwungen kommen die Eltern miteinander ins Gespräch. Später zeigen wir einen Film über Alltagssituationen in jeder Gruppe, den die Erzieherinnen aufgenommen haben. Wir achten darauf, dass wir möglichst jedes Kind zeigen können.

Dieser Film ist den Eltern sehr wichtig, weil sie Einblick in den Alltag der Krippe bekommen und ihre Kinder so sehen, wie sie sie sonst nicht erleben. In der Regel dauert der Film cirka 45 Minuten – ausreichend Gelegenheit, den pädagogischen Alltag ausführlich zu präsentieren.

Nach dem Film finden die Eltern im Nachbarraum Bastelangebote, die zur Vorweihnachtszeit passen. Besonders beliebt ist das Anfertigen von Knusperhäuschen. Während die Eltern sich den Angeboten widmen, können sie miteinander im Gespräch bleiben. Wir nutzen die angenehm vertraute Atmosphäre, um ihnen zu zeigen, wie es ihren Kindern in der Krippe geht und was sie hier tun und erleben können.

Wenn die Eltern auf dem Heimweg sind, pflegen wir die Tradition, etwas für uns selbst zu tun. Wir stellen ein Knusperhäuschen her und lassen den Abend bei gemeinsamen Gesprächen ausklingen.

Adventfeier

Am Montag nach dem Adventsonntag gestalten wir mit den Kindern eine Adventfeier. Die Kolleginnen aus der Küche bereiten Teller mit Weihnachtskeksen und Kuchen vor. Manchmal gibt es Kakao. Die Eltern werden gebeten, ihre Kinder an diesen Montagen erst nach dem Beisammensein abzuholen.

Nikolaus

Wenn die Kinder morgens in die Krippe kommen, steht ein großer Schlitten mit einem Korb voller Äpfel, Nüsse und Mandarinen in der Halle. Tannenzweige schmücken ihn, an denen Schokoladensterne glitzern. Jedes Kind und die Eltern dürfen sich etwas aus dem Korb nehmen. Damit das wirklich klappt, wird er am Abend vorher vom Spätdienst an seinen Platz gestellt. Er bleibt den ganzen Tag über stehen, so dass jeder, der nach Hause geht, noch etwas mitnehmen kann.

Vor dem Mittagsschlaf stellt jedes Kind im Gruppenraum einen Schuh auf, in dem es nach dem Aufwachen eine kleine Süßigkeit findet. Danach setzen sich die Erzieherinnen mit den Kindern an einen festlich gedeckten Tisch mit adventlichen Leckereien und lassen den Tag stimmungsvoll ausklingen. Dabei kann es vorkommen, dass ein roter Mantel am Fenster vorbeiweht und die Kinder einen Blick auf den Nikolaus erhaschen, der eilig um die Ecke verschwindet. Nun können sie erzählen, dass sie den Nikolaus gesehen haben.

Weihnachten

Zu Weihnachten kommt der Weihnachtsmann zu uns – der Vater eines Kindes, das längst nicht mehr in der Krippe ist. Er trägt einen kostbaren Mantel aus Samt, der aus dem Fundus eines Theaters stammt, setzt aber keine Maske auf, damit die Kinder keine Angst bekommen.

Wir haben die Räume weihnachtlich dekoriert. Vor dem Aquarium steht eine aus Naturmaterialien hergestellte Krippe. An den Deckenlampen hängen goldene Sterne.

Alle Kinder sitzen in der Eingangshalle auf der Treppe und singen Weihnachtslieder.

Der Weihnachtsmann hat einen Bollerwagen voller Geschenke dabei – von den Kolleginnen vorher eingepackt. Er spricht mit den Kindern und bietet ihnen Süßigkeiten an. Dann überreicht er die Geschenke, die für die Gruppen bestimmt sind. Jedes Kind bekommt eine Weihnachtstüte mit Süßigkeiten und ein kleines Spielzeug.

Manche Kinder, die ganz spezielle Vorstellungen davon haben, was der Weihnachtsmann ihnen bringen wird, bekommen dieses Weihnachtsgeschenk wirklich. So war ein Junge davon überzeugt, dass der Weihnachtsmann ihm ein Würstchen bringen würde. Er bekam das Würstchen, eingewickelt in Geschenkpapier, und konnte sein Glück kaum fassen.

Später gehen die Kinder mit den Erzieherinnen in ihre Gruppen und packen die Geschenke aus. Immer sind auch Geschenke für die Erzieherinnen und das Küchenpersonal dabei.

Wichtig ist uns, dass wir uns Zeit nehmen, um dieses Fest zu feiern. Wir sind bemüht, den Kindern eine stimmungsvolle Atmosphäre zu bereiten. Sie sollen etwas Besonderes, vielleicht auch Aufregendes erleben, aber keine Angst bekommen. Deshalb achten wir darauf, dass der Weihnachtsmann uns bekannt ist und liebevoll mit den Kindern umgeht. Im Unterschied zu den Gepflogenheiten in der Familie soll das Weihnachtsfest in der Krippe nicht hauptsächlich darin bestehen, dass die Kinder einzeln Geschenke bekommen, denn das kann auch ein Gemeinschaftserlebnis sein. Das sollen die Kinder bei uns erfahren.

Wir erleben das Fest immer als etwas sehr Schönes, und die Kinder zeigen uns, dass sie durchaus in der Lage sind, längere Zeit zuzuhören und mit ihrer Aufmerksamkeit dabei zu sein, wenn das Fest ihren Bedürfnissen entspricht.

Musik

Über eine Lautsprecheranlage im Eingangsbereich erklingt jeden Morgen klassische Musik. Die Gruppen treffen sich nach dem Frühstück oder vor dem Mittagessen, um gemeinsam zu singen. So erlebt jedes Kind mindestens ein Mal am Tag, dass musiziert wird und dass es mitmachen kann.

Abschiedsfeier

An seinem letzten Tag in der Kita gibt es für jedes Kind eine Abschlussfeier mit gemütlichem Beisammensein. Das Erleben dieses Rituals vermittelt dem Kind, dass seine Zeit in der Krippe beendet ist. Damit es etwas aus der Krippe – aus einer vertrauten Umgebung – in die Kita mitnehmen kann, bekommt es ein von einer Erzieherin genähtes Kissen. Dieses Kissen kann helfen, Übergänge zu verarbeiten, und soll an die Krippe erinnern. Wir fertigen es selbst an, weil wir dem Kind ein persönliches Geschenk zum Abschied machen möchten und ihm unsere Wertschätzung zeigen wollen.

Da die Kinder, die in der Krippe bleiben, das Ritual miterleben, wissen sie, wie der Abschied von der Krippe gestaltet wird. Abschied nehmen, das heißt auch, groß zu sein und einen neuen Lebensschritt zu gehen.

Kreative und fantasievolle Kinder

Unsere Leitsätze sind: Kinder sind von Beginn ihres Lebens an kreativ. Jedes Kind macht nur das, was es allein machen möchte, machen kann und schaffen kann.

Der Begriff »Kreativität« kommt aus dem Lateinischen. Er geht auf das Wort creare zurück und bedeutet: schöpferisch sein, etwas Neues, eine neue Idee produzieren. Das tun Kinder jeden Tag und immer wieder.

Im ersten Lebensjahr spielt die Erfahrung, was sie mit ihren eigenen Körpern tun können, eine große Rolle. In diese Zeit fällt auch die Vorliebe für das Schmieren, Matschen und Patschen mit teigigen und flüssigen Materialien. Die Ideen der Kinder, was man damit alles machen kann, sind schier unerschöpflich und werden mit großer Lust wiederholt.

Parallel zum Ausprobieren ihrer körperlichen Möglichkeiten beginnen die Kinder, mit Gegenständen zu hantieren. Auch dabei legen sie Kreativität an den Tag. Ständig gibt es Situationen, die für sie völlig neu, noch nie dagewesen und hochinteressant sind.

»Kinder sind, ebenso wie Dichter, Musiker und Naturwissenschaftler – eifrige Forscher und Gestalter. Sie besitzen die Kunst des Forschens und sind sehr empfänglich für den Genuss, den das Erstaunen bereitet. Unsere Aufgabe besteht darin, den Kindern bei ihrer Auseinandersetzung mit der Welt zu helfen, wobei all ihre Fähigkeiten, Kräfte und Ausdrucksweisen eingesetzt werden.«[36]

Ästhetische Erfahrungen

Im kreativen Tun machen Kinder ästhetische Erfahrungen. Deshalb spielt die ästhetische Bildung in unserer Krippe eine wichtige Rolle. Wir definieren ästhetische[37] Bildung als »Bildung der Sinne«. Insofern ist bildnerisches Gestalten – neben Musik, Tanz und Rollenspiel – ein Bereich ästhetischer Bildung kleiner Kindern, die eng mit Bewegungsbildung und Körpererfahrung verknüpft ist.

Entscheidend ist für uns, dass Kinder die Welt mit allen Sinnen wahrnehmen, sich ausprobieren und ausdrücken können: mit dem Körper, mit Farben und unterschiedlichen Materialien, mit Tüchern und Kleidungsstücken, mit Klangkörpern, Gesang und Tanz.

Die Praxis ästhetischer Bildung in der Krippe

Irgendwann merken Kleinkinder, dass sie mit dem Finger, der Hand oder einem Werkzeug auf Untergründen Spuren hinterlassen können. Diese Spuren können sie sich immer wieder ansehen und erfahren, dass sie etwas bewirken, etwas Bleibendes hinterlassen.

Die Lust, Spuren zu hinterlassen, greifen wir auf, wenn wir Kindern die Möglichkeit geben, mit verschiedenen Materialien Erfahrungen zu machen und Werkzeuge auszuprobieren. Dinge, die sie produzieren, achten wir, indem wir sie betrachten und präsentieren. Dies fördert das Selbst-Bewusstsein der Kinder und regt zu weiteren kreativen Arbeiten an. Sie stellen sich eigene Aufgaben, indem sie etwas ausprobieren oder überlegen, was sie tun wollen. So beginnen erste planerische Handlungen.

An der Staffelei arbeiten die Kinder ganz unterschiedlich. Vorsichtig beginnen manche mit einem kleinen Farbklecks, den sie mit einem Finger verstreichen. Andere bemalen das gesamte Blatt – auch über den Rand hinaus – mit kräftigen Bewegungen und der ganzen Handfläche. Manche mischen die Farben und malen sie auf dem Blatt übereinander, während andere streng darauf achten, dass jede Farbe für sich auf dem Blatt erscheint.

36 Mara Davoli: Das neue Bild vom Kind. 1986
37 Aisthesis (griechisch): Wahrnehmung mit allen Sinnen

Beim Malen und Gestalten erleben wir die Kinder oft im Zustand des »flow« – sie arbeiten konzentriert, gehen auf in dem, was sie tun, und machen einen gelösten, zufriedenen und glücklichen Eindruck.

Manchmal gelingt etwas nicht so, wie die Kinder es vielleicht möchten, manchmal fehlt die Ausdauer, eine Sache so zu Ende zu bringen, wie sie es sich vorgenommen hatten. Missgeschicke passieren: Der Hammer landet auf dem Daumen oder die Farbe im Auge. Dann trösten und ermutigen die Erwachsenen, noch einmal neu oder anders zu beginnen, so dass die Kinder im Umgang mit den Materialien Frustrationstoleranz erlernen.

Ebenso merken die Kinder, dass ihnen die Arbeit mit bestimmen Materialien liegt und Freude macht. Schon früh können sie Unterschiede feststellen, eigene Vorlieben und Kompetenzen entdecken.

Wir ermöglichen ihnen, in der Fläche zu malen und zu gestalten oder dreidimensional zu arbeiten, indem wir ihnen die dafür geeigneten Materialien anbieten. Dabei erfahren sie:

- Ich kann etwas bewirken.
- Die Dinge sind handhabbar.
- Die Dinge haben unterschiedliche Eigenschaften.
- Ich weiß, was ich mag und nicht mag.
- Ich kann etwas gut und nicht so gut.
- Wenn etwas nicht so klappt, wie ich es will, kann ich es immer wieder neu probieren.
- Wenn ich mich anstrenge, gelingt mir etwas vielleicht so, wie ich es mir vorgenommen hatte.
- Manchmal gelingen Dinge völlig ohne Anstrengung.
- Ich kann verschiedene Dinge bearbeiten, unterschiedlich an etwas herangehen.
- Ich kann mir etwas aus verschiedenen Perspektiven anschauen.
- Andere Kinder machen Dinge anders als ich.
- Ich kann von anderen Menschen etwas lernen.
- Manchmal macht es Freude, etwas mit jemand anderem zusammen zu tun.
- Manchmal ist es wichtig, etwas erst mal allein auszuprobieren.
- Die Erwachsenen sind interessiert und fragen, was ich mache und ob ich noch etwas brauche.
- Die Erwachsene geben mir manchmal Anregungen, was ich tun könnte.
- Ich bekomme Unterstützung, wenn ich sie möchte.
- Die Erwachsenen freuen sich mit mir, wenn ich etwas mache.
- Meine Arbeit wird geschätzt und geachtet.

Kann ein Mensch solche Erfahrungen sammeln, verfügt er über eine Grundlage für seine selbstbestimmte Lebensgestaltung. Deshalb messen wir der ästhetischen Bildung in unserer Krippe hohen Rang zu. Sie ist eine unserer fünf Konzeptsäulen.[38]

Die Angebote, die wir Kindern machen, finden in unseren Gruppenräumen und im Sommer auch manchmal draußen statt. Drinnen und draußen haben wir ein Miniatelier eingerichtet, so dass die Kolleginnen jederzeit ohne großen Aufwand auf die Materialien zugreifen und sie den Kindern zur Verfügung stellen können. Zum ständigen Materialangebot gehören Malstifte und Papiere.

Drei Erzieherinnen wurden zu Expertinnen für diesen Bereich: mittels Ausprobieren, in Fortbildungen und durch kollegiale Beratung.

Mindestens zwei bis drei Mal pro Woche bekommen Kinder aller Altersstufen ein spezielles Angebot. Wir fragen sie, ob sie Lust haben, mitzumachen. An der Staffelei arbeiten dann jeweils zwei Kinder, auf jeder Seite eins, begleitet von einer Erzieherin. Die Farbpaletten stehen auf einem kleinen Hocker neben der Staffelei, so dass die Kinder sie nicht in den Händen halten müssen. Um die Kleidung vor Verunreinigungen zu schützen, können die Kinder alte, abgeschnittene Herrenoberhemden überziehen.

Wir haben eine Wand- und eine Standstaffelei, die im Gruppenraum stehen. Wenn möglich, arbeitet die Erzieherin mit den zwei Kindern allein im Raum. Sollte das aus personellen Gründen nicht möglich sein, bleiben die anderen Kinder dabei und können zuschauen, wenn sie wollen. Oder eine kleine Gruppe – in der Regel nicht mehr als vier Kinder – zieht sich in einen Nebenraum zurück. Die Kinder können aufhören, wenn sie möchten, und so lange bleiben, wie sie möchten. Arbeitet ein Kind an der Staffelei, fragen wir es, ob es Musik hören möchte. Zu diesem Zweck gibt es eine CD mit Musikstücken.

Materialerfahrungen

Wir stellen Papier und Farben aller Art bereit und bieten unterschiedliche Werkzeuge an. Die qualitativ hochwertigen Materialien gestatten, dass Kinder und Erwachsene auswählen und dabei Vorlieben oder Kompetenzen entdecken können.

38 Siehe S. 15

Stellt man Kindern Computerendlospapier oder anderes geringwertiges Papier zur Verfügung, signalisiert man: »Was du damit machst, wird auch geringwertig sein. Besseres Papier bekommst du nur, wenn Erwachsene dabei sind, die aufpassen können, dass du das Material angemessen benutzt.« Spüren Kinder diese Einstellung ihrer Arbeit gegenüber, ist es kein Wunder, wenn sie ihre Werke im Papierkorb entsorgen: Wegwerfkultur. Wir sind jedoch überzeugt, dass schon ganz junge Kinder merken, ob Erwachsene ihre Arbeiten schätzen, und lernen können, sorgsam mit qualitativ guten Materialien umzugehen. Mit folgenden Materialien arbeiten die Kinder:

Farben:

- Fingerfarben,
- Tuschfarben,
- Gouache-Farbe,
- Aquarellfarben,
- chinesische Tinte mit Malstein,
- wasserfeste Tinte, um sie mit Pipetten aufzutragen oder zum Pusten mit Strohalmen.

Bieten Sie die Farben in Glasschälchen an, um sie angemessen portionieren zu können. Außerdem lassen sich die Schälchen gut reinigen. Besorgen Sie weiße Farbpaletten, auf denen die Kinder die Farben besser erkennen können als in Bechern mit farbigen Deckeln, die Spielzeughersteller anbieten.

Stifte und Kreiden:

- unterschiedliche Wachsmalkreiden,
- Kohlestifte,
- Softpastellkreiden,
- Straßenmalkreide.

Gestaltungsmaterialien:

- Buntpapier,
- Transparentpapier,
- Japanpapier,
- Verpackungsmaterial,
- Kartons,
- Glitzer,
- Bonbonpapier,
- Sägespäne.Sägespäne bekommen wir von einem Tischler, mit dem wir zusammenarbeiten. Es gibt zwei Sorten: Sägemehl, das sehr fein ist, und Sägespäne, die aussehen wie Ringellocken. Als Gestaltungsmaterial sind Sägespäne bei den Kindern sehr beliebt und kosten nichts.
- Stoffe,
- Filz,
- Glasnuggets,
- Murmeln.

Naturmaterialien:

- Muscheln,
- Federn,
- Steine,
- Kastanien,
- Bohnen,
- Kleister,
  Wenn Sie etwas am Fenster befestigen möchten, geht das mit Kleister besonders gut, weil er wasserlöslich ist und sich später leicht entfernen lässt.
- Sand.
  Bitte verwenden Sie keinen Vogelsand. Er ist mit Kalk versetzt, der chemisch behandelt wurde. Als Alternative sind geeignet: Quarzsand oder Saharasand aus der Zoohandlung.

Maluntergründe:

- verschiedene Papiersorten und -formate,
- Pappen,
- Fotokarton,
- Leinwände in verschiedenen Größen,
- Stoff,
- Glasplatten,

- Alltagsgegenstände.
- Der erste Malgrund für Kinder ist immer der eigene Körper. Da wir das wissen, geben wir den Kindern dazu Gelegenheit.

Werkzeuge:

- die Hände,
- verschiedene Pinsel, auch selbst gemachte. Pinsel können Sie aus Stöcken herstellen, an denen Sie verschiedene Materialien befestigen: Federn, Zauberwatte, Zweige, ein verkohltes Aststück, Stoff oder Schwämme.
- Farbrollen,
- Schwämme,
- echte Werkzeuge wie Hammer, Feile, Säge, Meißel und Zange[39] in Kindergröße.

Angebote im Bereich Bildnerisches Gestalten

Licht, Farbe und Materialeigenschaften wahrnehmen

Die Kinder können Licht- und Farbveränderungen im Raum beobachten, wenn Sie Dimmer, Taschenlampen, ein Kaleidoskop, Prismen oder Farbfolien einsetzen.

Folgende Erfahrungen mit Kleister, Wasser, Papier können die Kinder sammeln:

- Kleister als Möglichkeit, haptische Erfahrungen mit einem feuchten, kühlen Material zu machen;
- Kleister mit Farbe vermischen und als Malmaterial nutzen;
- Kleister als Klebematerial verwenden;
- Kleister zur Bildgestaltung nutzen: den Kleister auf einen Malgrund aufbringen und ihm verschiedene Materialien zufügen;
- aus Kleister, Wasser und Papier Pappmaché herstellen;
- Wasser färben und in verschiedene Behälter umfüllen.

39 Nicht aus Plastik

Farben selbst herstellen

- Kleisterfarben,
- Rasierschaum mit Fingerfarbe vermischen,
- Quarkfarbe: Quark mit Farbpigmenten oder Fingerfarbe vermischen,
- Reismehlfarbe: Reismehl aus dem Asia-Laden mit Wasser und Kleister vermengen, bis es die Konsistenz von Strukturpaste hat.

Malen nach Musik

Hierzu bieten wir den Kindern unterschiedliche Musikrichtungen an: klassische Musik, Entspannungsmusik, Rockmusik.

Dias bemalen

Wir benutzen Diarahmen mit Glasfenstern, die man aufklappen kann. Die Kinder können diese Fenster entweder selbst mit unterschiedlichen Farben bemalen, oder wir befüllen sie mit kleinen Blättern, Pusteblumenfliegern oder anderen Dingen, bei denen man Strukturen erkennen kann. Zum Anschauen gibt es einen Diabetrachter, den selbst die Jüngsten schon bedienen können: Drücken sie ein Dia hinein, geht das Licht an, und die Freude ist groß.

Skulpturen und Plastiken

Wir geben Kindern die Möglichkeit, erste Erfahrungen mit dem Bau von Skulpturen und Plastiken zu machen. Dazu bieten wir an:

- Arbeit mit Ton: Zu Anfang geben wir den Kindern nur den Ton in die Hände. Danach bekommen sie Werkzeuge, mit denen sie den Ton bearbeiten können: ein Tonmesser oder einen Fleischklopfer.

Schließlich können sie Dinge in den Ton eindrücken, Muster und Spuren mit verschiedenen Werkzeugen hinterlassen.
Damit der Ton feucht bleibt, bewahren wir ihn in einem Eimer auf, bedeckt mit einem feuchten Tuch. Wir haben einen Matschtisch, der speziell für die kleinen Kinder angefertigt wurde. Er ist mit einem Deckel versehen, den man als Unterlage zur Arbeit mit Ton benutzen kann. Die Oberfläche des Deckels ist so beschaffen, dass Tonreste leicht entfernt werden können.
Zum Brennen der Kinder-Arbeiten brauchen Sie keinen Ofen. Der Ton trocknet an der Luft.

- Ytong-Steine: Ytong-Steine können die Kinder mit Werkzeugen bearbeiten. Wir setzen ihnen Schutzbrillen auf, damit abspringende Teile der Steine nicht in die Augen geraten. Wer mag, kann sich Kinder-Arbeitshandschuhe anziehen.

Projekte mit Kindern im Bereich Ästhetische Bildung

Wir arbeiten mit den Kindern auch für längere Zeit an einem Thema, um ihnen vielfältige sinn(en)volle Erfahrungen zu ermöglichen, die sie gestalterisch ausdrücken können. Ein immer wiederkehrendes Thema ist die Begegnung mit Feuer, Erde, Wasser und Luft. Beim Wasser-Projekt erleben die Kinder,

- wo es überall Wasser gibt: Pfütze, Wasserhahn, Regen, Wasserflasche;
- dass es verschiedene Aggregatzustände des Wassers gibt: Wasser wird zu Eis gefroren und wieder aufgetaut;
- dass man mit Eisstücken auf der Haut und auf Papier malen kann;
- dass man mit Pipetten unterschiedlich große Tropfen produzieren kann;
- dass Wasser verschiedene Temperaturen haben und dass man das fühlen kann;
- dass Schnee von draußen, in die Krippe mitgenommen, schmilzt und dass das Schmelzwasser draußen wieder gefriert;
- dass man Schneebilder malen kann: auf blauem Untergrund mit weißer Farbe;
- dass ihre Arbeitsergebnisse wertschätzend präsentiert werden.

Wir arbeiten nicht mit Schablonen, weil wir die Kreativität der Kinder fördern wollen. Schablonen fordern Kinder dazu auf, etwas zu produzieren, das ein Erwachsener vorgedacht und vorgefertigt hat. Weil die Ergebnisse am Ende alle ähnlich aussehen, werden die Arbeiten der Kinder vergleichbar, und das

schürt möglicherweise Konkurrenz – unter den Eltern. Außerdem denken wir, dass Schablonen die Entwicklung der kindlichen Gestaltungsfähigkeit hemmen.

Eine Schablone reduziert immer die komplexe Form. Wenn wir Kindern eine Reduktion anbieten, lernen sie nicht, genau hinzusehen, Details wahrzunehmen und sie zu gestalten. Sie sehen nicht, wie ein einzelnes Blatt eines Baums wirklich aussieht, nehmen den Unterschied zwischen einer Birke und einer Tanne nicht wahr und kennen ihn demzufolge nicht.

Haltung und Aufgaben der Erzieherin

Unsere Hauptaufgabe sehen wir darin, den Kindern Materialien, Ideen und Zeit zum bildnerischen Gestalten zur Verfügung zu stellen. Wir möchten ihnen im vorher beschriebenen Sinne eigene Erfahrungen ermöglichen. Ihre Werke präsentieren wir angemessen:

- die Bilder werden nicht mit Tesafilm an die Wand geklebt, sondern auf Staffeleien oder in Rahmen mit passenden Untergründen ausgestellt;
- die Werke werden ästhetisch präsentiert, zum Beispiel mit einem Untergrund aus Stoff oder Blumen – jeweils passend zum Thema der Arbeiten;
- es werden nicht alle Werke der Kinder gleichzeitig präsentiert, aber wir achten darauf, dass jedes Kind mit seinen Werken vorkommt;
- Arbeiten, die nicht ausgestellt werden, nehmen die Eltern mit nach Hause.

Wir nehmen uns ganz bewusst Zeit, die präsentierten Arbeiten mit kleinen Gruppen anzusehen und den Kindern – wenn sie schon sprechen können – Gelegenheit zu geben, sich dazu zu äußern. Sie erkennen ihre eigenen Arbeiten wieder, sehen, dass sie ausgestellt werden, erzählen manchmal, was sie sehen, und nehmen auch die Arbeiten der anderen Kinder wahr. Wenn sie erleben, dass wir uns Zeit für ihre Werke nehmen, machen sie ihre Eltern von sich aus auf die Arbeiten aufmerksam.

Es ist unsere Aufgabe, den Eltern unsere Ziele und unsere Grundhaltung im Bereich Ästhetische Bildung in Gesprächen und auf Elternabenden zu vermitteln. Besonders in Entwicklungsgesprächen können wir – anhand der Beobachtungen und der gesammelten Werke – Kompetenzen, Fortschritte und Vorlieben der Kinder deutlich machen.

Wir laden die Eltern ein, sich die Präsentation der Arbeiten anzusehen. Auf Elternabenden geben wir ihnen die Möglichkeit, Techniken, die ihre Kinder anwenden, selbst auszuprobieren. So können sie Prozesse ihrer Kinder besser verstehen und werden motiviert, Ähnliches zu Hause auszuprobieren.

Bevor wir etwas Neues an die Kinder herantragen, probieren wir es selbst aus. Dadurch können wir besser einschätzen und planen, wie wir den Kindern die Materialien anbieten und welche Rahmenbedingungen sinnvoll sind: der Raum, die Zeit, die Anzahl der teilnehmenden Kinder.

Kunst mit Kindern

Kinder sind von Beginn ihres Lebens an kreativ. Deshalb konfrontieren wir sie mit den Werken von Künstlern, von Menschen, die sich ihre Kreativität erhalten haben und auf einer Wahrnehmungsebene agieren, die der Ebene der Kinder ähnlich ist. Kunst ist dem kindlichen Spiel verwandt, beide sind zweckfrei.

Indem wir den Kindern Werke von Künstlern zugänglich machen, ihnen Kunstbücher zum Betrachten geben, bieten wir ihnen weitere Sichtweisen an. Zeigen wir ihnen, wie ein Künstler ein Tier dargestellt hat, erweitern sich die Bilder möglicherweise, die sie sich von dem Tier gemacht haben.

Zum »Fisch« von Paul Klee gab es ein Projekt bei uns. Fast drei Wochen lang beschäftigten sich die Kinder mit Fischen. Sie schauten die Tiere im Aquarium an, entdeckten Fische in Bilderbüchern, verglichen sie immer wieder mit Paul Klees »Fisch« und probierten aus, welche Farben sie brauchen, um ihn zu malen. Schließlich malten die den Fisch – natürlich ihren eigenen, aber inspiriert von Paul Klee und begleitet von der Erzieherin.

Wenn es im Museum Ausstellungen von einem Künstler gibt, mit dem sich die Kinder in der Krippe beschäftigt hatten, gehen wir mit ihnen hin. Sie sehen dann, wie das kleine Bild aus dem Buch in Wirklichkeit aussieht.

Wir geben den Kindern Alltagsgegenstände aus verschiedenen Kulturen, damit sie sie an- und erfassen, vielleicht sogar modellieren können. Für Anatomiestudien stellen wir den Kindern Modelle aus Holz – eine Hand, ein Krokodil und die Figur eines Menschen – zur Verfügung, an denen sie den Aufbau der Objekte erkennen können.

Rahmenbedingungen für ästhetische Prozesse

Zu den Rahmenbedingungen, die wir für wichtig halten, gehören:

- möglichst täglich Zeit für Gestaltungsprozesse;
- geeignete Räume, in denen gute Lichtverhältnisse herrschen;
- Linoleumfußboden, der Farb- und Schmierspuren verträgt;
- ein Wasseranschluss;
- Möglichkeiten zum Malen in verschiedenen Körperpositionen: Standstaffeleien und Wandstaffe-

leien, die man für Säuglinge auf den Boden legen kann;

- ein Matschtisch für Ton, Wasserspiele und Arbeiten mit Kleister;
- ein Trockengestell für die Bilder der Kinder: Holzplatten zum Trocknen der Plastiken und Gitter zum Trocknen der Bilder;
- offene Regale mit Materialien, so dass die Kinder sie sehen können. Nicht alle Materialien müssen jederzeit zur Verfügung stehen, da Kleinkinder mit manchen Dingen noch nicht unangeleitet umgehen können. Außerdem besteht die Gefahr, dass sie kleine Dinge verschlucken. Älteren Kindern stehen Stifte, Papier und Kleber jederzeitigen zur selbstständigen Nutzung zur Verfügung.

Es ist hilfreich, wenn im Miniatelier ein kleiner Geschirrspüler steht, mit dem Sie die Arbeitsutensilien nach Gebrauch reinigen können. Übernimmt der Geschirrspüler dies, stehen Sie den Kindern zur Verfügung und müssen Ihre Zeit nicht mit Reinigungsarbeiten verbringen.

Für die Arbeiten der Kinder werden Ausstellungsflächen gebraucht – am besten an einem festen Ort im Haus, so dass jeder, der sich etwas anschauen möchte, weiß, wo er die Werke finden kann.

Bauen und konstruieren

Auch Bauen und Konstruieren erfordern Kreativität, besonders wenn die Kinder großräumig und kleinteilig bauen können. Entscheidend sind der Konstruktionsprozess und die Freude am Bauen und Konstruieren.

Wenn Kinder bauen, lernen sie etwas über Statik, sie entwickeln räumliches Denken, experimentieren mit der Raum-Lage-Orientierung und erproben ihre Fein- und Grobmotorik.

Erste mathematische Grunderfahrungen – zum Beispiel Bausteine zählen und Mengen erfassen – können gemacht werden, und die Kinder lernen Formen anhand unterschiedlich geformter Bausteinen kennen: Geometrie. Sie machen Farb-, Material- und Körpererfahrungen, und beim gemeinsamen Bauen finden erste Absprachen statt.

Damit sie unterschiedliche Bauwerke konstruieren können, bieten wir den Kindern ausreichend:

- Bausteine aus transparentem Kunststoff;
- Kappla-Steine;
- Bausteine, an denen außen Rinde vorhanden ist;
- Lego-Bausteine;

- Bausteine aus Schaumstoff;
- Ostheimer Holzfiguren und Schleich-Tiere als Belebungsmaterial.

Gern bauen die Kinder kleine und große Türme, Brücken, Tunnel und Höhlen, die sie mit verschiedenen Materialien ergänzen. Architekturbildbände oder -poster mit interessanten Bauwerken inspirieren sie, etwas nachzubauen.

Damit die Kinder Rollenspiele mit Bautätigkeit verbinden können, gibt es

- Baumaschinen, Absperrband und Helme;
- Handschuhe;
- Bagger und Gabelstapler.

Manchmal regen wir die Kinder an: Wir bauen eine Stadt, ein Haus für Zwerge, ein Parkhaus für Autos, eine Eisenbahnbrücke, ein Puppenhaus oder einen Bauernhof mit Holzzäunen.

Lesetipps

Christel van Dieken, Bärbel Effe und Brigitte Metzler
Die Kinderkunstwerkstatt
Ein Handbuch zur ästhetischen Bildung von Kindern unter drei Jahren
verlag das netz, Weimar/Berlin 2010

Angelika von der Beek
Pampers, Pinsel und Pigmente
Ästhetische Bildung von Kindern unter drei Jahren
verlag das netz, Weimar/Berlin 2007

Leo Lionni
Das kleine Blau und das kleine Gelb
Oetinger, Hamburg 2002

Ursus Wehrli
Kunst aufräumen
Kein & Aber, Zürich 2002

Ursus Wehrli
Noch mehr Kunst aufräumen
Kein & Aber, Zürich 2004

Bedingungen für die qualitätsvolle Betreuung von Kleinkindern

Die ehemalige Leiterin der Krippe, Marlies Hesse, entwickelte die Grundlagen unseres heutigen Konzepts und ermöglichte es den Mitarbeiterinnen, Neues auszuprobieren und die Arbeitsergebnisse zu reflektieren. Sie sorgte für die Umsetzung der gemeinsamen Beschlüsse und kümmerte sich um die Finanzierung. Die jetzige Leitung setzt die Arbeit in ihrem Sinne fort und befasst sich mit allen Fragen der Krippenpädagogik, um Arbeitsprozesse zu initiieren, zu begleiten, zu unterstützen und weiterzuentwickeln.

Besonders zu erwähnen ist die Erzieherin Ursula Gollmer-Kröbel, die den Schwerpunkt Kunstpädagogik in die Krippenarbeit einbrachte.[40] Mit Mut zum Ausprobieren erarbeitete sie ein innovatives Konzept. Die Erzieherinnen Vera Alex und Alve Meier waren durch ihr Engagement an der Umsetzung des Gesamtkonzeptes beteiligt.

Alle Kolleginnen bringen ihre jeweiligen Kompetenzen in die Arbeit ein und sorgen dafür, dass sie den Krippen-Alltag beleben. Jede Mitarbeiterin setzt sich einen inhaltlichen Schwerpunkt. Das heißt: Nicht alle machen alles ein wenig, sondern jede einzelne Kollegin tut das, wofür sie zuständig ist, qualitätsvoll.

Die Krippe hat einen Träger, der die eigenständige Entwicklung von Konzepten unterstützt, für Serviceangebote wie pädagogische oder physiotherapeutische Fachberatung und Fortbildung sorgt und den finanziellen Rahmen sichert.

Fortbildungen zu pädagogischen Fragen und zu Themen wie »Dokumentation und Präsentation« oder »Gesprächsführung und Kommunikation« trugen zur individuellen Qualifizierung der Mitarbeiterinnen bei. Lebenslanges Lernen – einschließlich der Auseinandersetzung mit nicht-pädagogischen Themen – ermöglicht es dem Team, aktuell informiert zu sein, auf der Höhe der Anforderungen an moderne Krippenpädagogik zu agieren und den Austausch mit anderen Teams zu bereichern.

Externe Experten wie die Tischler Matthias Buck und Michiel Simonis, die Architektin des Trägers und eine freie Landschaftsgärtnerin nahmen wesentlichen Anteil an der durchdachten räumlichen Gestaltung des Hauses. Speziell bei den Einbauten wurden neue Ideen entwickelt und erprobt. Dabei erwies sich: Jedes pädagogische Team braucht Know-how von außen, um über den eigenen Tellerrand zu sehen, Ungewöhnliches wahrzunehmen und neue Gedanken in die Arbeit einfließen zu lassen.

Basis aller Vorhaben ist die enge und vertrauensvolle Zusammenarbeit zwischen Mitarbeiterinnen und Leitung, denn: Gute Pädagogik kann nur gelingen, wenn alle Beteiligten kooperieren.

Zum Team, das heute für die beschriebene Qualität der Betreuung von Krippenkindern einsteht, gehören die Erzieherinnen Gabi Baltin, Cornelia Bernecker, Tessa Baumann, Lydia Dick, Alicia Meier, Meike Norden, Daniela Saggau, Monika Schlick-Breuer, Nadine Stamer, Anna Stempfle, Jana Thiele, Solvej Wellendorf, Andrea Wesselkamp, der Leiter Torsten Lübke und die stellvertretende Leiterin Petra Voniga.

Auf die Frage, warum sie gern in unserer Krippe arbeiten, nennen die Mitarbeiterinnen folgende Faktoren:

- die gute Zusammenarbeit im Team;
- die flache Hierarchie;
- der wertschätzende Umgang;
- das moderne pädagogische Konzept;
- Freude an der Beobachtung und Begleitung der Entwicklung von Kindern;
- ansprechend und sinnvoll gestaltete Räume;
- die gute Zusammenarbeit mit den Eltern;
- die Möglichkeit, eigene Kompetenzen einzubringen;
- die Möglichkeit, sich fortzubilden.

Diese Faktoren und ihr Zusammenspiel machen die Qualität unserer Arbeit aus.

Leitsätze für unsere Zusammenarbeit

- In unserer Zusammenarbeit sind uns gegenseitige Akzeptanz, Offenheit, Wertschätzung, Vertrauen und Ehrlichkeit wichtig.
- Wir reden offen, ehrlich und direkt miteinander. Wir reden miteinander und nicht übereinander.
- Wir achten darauf, dass alle Kolleginnen die Informationen bekommen, die sie benötigen.
- Wir bemühen uns darum, Absprachen, die wir treffen, einzuhalten, einander zu helfen, wenn es erforderlich ist, und freundlich miteinander umzugehen.
- Konflikte werden bei uns zeitnah angesprochen. Wir achten darauf, sachlich und respektvoll zu bleiben, denn es geht um die Sache und nicht um die Person.
- Wir bemühen uns, Diskussionen und Gespräche lösungsorientiert zu führen: Welche Lösung hilft uns bei der Arbeit mit den Kindern? Was ist gut für unser Haus?
- Wir respektieren und schätzen unsere Stärken und Kompetenzen, die wir in die Arbeit einbringen. Die Kolleginnen sind für einzelne inhaltliche Schwerpunkte der Krippenarbeit zuständig: Musik, Kreativitätsförderung oder Psychomotorik.
- Unser Team bildete sich in den letzten Jahren durch gezielt ausgewählte Fortbildungen zu den Schwerpunkten unserer Arbeit weiter. Während einer Fortbildung, die unsere Konzeptionsentwicklung zum Thema hatte, setzten wir uns mit den Grundorientierungen unserer Arbeit auseinander. Erkenntnisse, die wir dabei gewannen, fließen in unsere Arbeit ein. Wir betrachten uns als Team, das sich auf dem Weg befindet, und die Entwicklungsprozesse der Kinder bieten uns immer wieder Lernmöglichkeiten.

Die Rolle der Leitung in der Qualitätsentwicklung

Um die qualitätsvolle Betreuung von Kindern unter drei Jahren in der Krippe sichern zu können, ist verantwortungs- und anspruchsvolle Leitungsarbeit unabdingbar, denn professionelle Leitung ermöglicht Orientierung und Klarheit. Dies ist eine Voraussetzung dafür, dass Verhaltensspielräume und Freiräume für die individuelle Entwicklung von Kindern und Erwachsenen entstehen.

Die Leitung einer Krippe muss Managementaufgaben wie die Förderung der Kooperation und Kommunikation im Team und die Koordination von Arbeitsabläufen erfüllen. Dazu braucht sie pädagogisches Wissen über die Arbeit mit Krippenkindern.

Die Leitung muss Kompetenz und Engagement auf pädagogischem Gebiet mit der Führung von Betriebseinheiten in allen pädagogischen und betriebswirtschaftlichen Aspekten verbinden.

In den letzen Jahren mussten wir zwei umfangreiche Aufgaben zeitgleich in unserer Krippe bewältigen. Die Einführung der Bildungsempfehlungen für Hamburger Kitas erforderte es, darüber nachzudenken, was diese Empfehlungen für die Altersstufe der Kinder unter drei Jahren und damit für unsere Arbeit bedeuten. Zur gleichen Zeit wurde in unserem Betrieb ein Qualitätsentwicklungsverfahren eingeführt, das die Auseinandersetzung mit neuen fachlichen und methodischen Aufgaben erforderte. In den konzeptionellen Entwicklungsprozessen und bei den Veränderungen, die dieser Auseinandersetzung folgten, kam die steuernde und motivierende Funktion der Leitung zum Tragen, und es stellte sich heraus, dass konzeptionelle Klarheit die Arbeitszufriedenheit der Kolleginnen erhöht. Diese Zufriedenheit wiederum, die unser Arbeitsklima prägt, ist ein Hauptgrund für Eltern, sich für unsere Krippe zu entscheiden – sie macht uns also konkurrenzfähig gegenüber anderen Angeboten.

Konzeptionelle Klarheit herzustellen, das ist ein fortwährender Prozess, in dem wir auf gesellschaftliche Veränderungen reagieren. Aufgabe der Leitung ist es, solche Veränderungen und ihre Bedeutung für die Krippe zu erkennen und mit den Mitarbeiterinnen zu reflektieren. Nicht zuletzt dadurch entwickeln wir unseren Arbeitsbereich weiter.

Eine Besonderheit der Krippenarbeit: Wir betreuen sehr junge Kinder meist jahrelang, entwickeln starke Verantwortungsgefühle und enge Kontakte zu ihnen. Dies kann so beglückend wie belastend sein.

Deshalb ist es uns wichtig, Routinen immer wieder zu reflektieren und im Team zu überlegen, ob wir den Bedürfnissen der jeweiligen Kinder (noch) gerecht werden. All dies im Blick zu behalten, die nötigen Prozesse zu initiieren und zu begleiten, das sehen wir als Leitungsaufgabe und stellen uns folgende Fragen:

- Was hat sich in unserem Verhalten oder in unserem Verhältnis zum Kind eingespielt? Ist das gut so?
- Welche Rolle habe ich für ein Kind übernommen? Ist sie dem Kind angemessen?
- Gibt es eine erfreuliche oder besorgniserregende Entwicklung, auf die wir reagieren müssen?
- Gibt es etwas, das uns psychisch in unserer verantwortungsvollen Arbeit belastet?
- Finde ich im Team ausreichend Unterstützung? Stehen mir Kraftquellen zur Verfügung, aus denen ich für meine Arbeit schöpfen kann?
- Fehlt den Kindern etwas? Hat Gewohnheit bewirkt, dass wir etwas übersehen?

Um solche Fragen im Team zufriedenstellend beantworten zu können, brauchen wir Zeit. Diese Zeit fehlt uns leider in der täglichen Arbeit oft, weil keine Vor- und Nachbereitungszeiten für uns vorgesehen sind. Wenn wir die Qualität unserer Arbeit auf dem beschriebenen Niveau sichern und verbessern wollen, sind solche Reflexionszeiten unabdingbar.

Anhang

Bezugsquellen

Podeste

Firma Kameleon
Karpfanger 22
22459 Hamburg
Internet: www.kameleon.de

Beleuchtungskonzepte und Lampen

Firma Lucente in Buxtehude
Internet: www.lucente.de

Firma Kameleon
Karpfanger 22
22459 Hamburg
Internet: www.kameleon.de

Lampen

Firma Prediger in Hamburg
Internet: www.prediger-licht.de

Firma Ladiges in Hamburg
Internet: www.ladiges.de

Waschrinnen aus Porzellan, Kunststoff und Edelstahl

Firma Romay
Internet: www.romay.ch

Kleine Toiletten und Toiletten mit »Elefantenfüßen«

Firma Keramag
Internet: www.keramag.de

Wickelauflage

Am besten in einer Sattelmacherei individuell anfertigen lassen

Wandputz

Handschmeichelnder marokkanischer Wandputz, der sich leicht säubern lässt: Tadelakt
www.kunst-am-bau-kk.de

Schalldämmend: Sajade
Internet: www.sajade.de

Literatur

Behörde für Soziales und Familie Hamburg: Hamburger Bildungsempfehlungen für die Bildung und Erziehung von Kindern in Tageseinrichtungen. November 2005

Bertelsmann Stiftung (Hrsg.) und Staatsinstitut für Frühpädagogik (Hrsg.): Wach, neugierig und Klug – Kinder unter 3: Ein Medienpaket für Kitas. Tagespflege und Spielgruppen, Bertelsmann Stiftung. Gütersloh Juni 2010

Davoli, Mara. In: Zum neuen Bild vom Kind. Dokumentation »Kinderträume – Kinderräume«. Seminar und Fachtagung, Reinbek, November 1991, S. 12-13

Gonzalesz-Mena, Janet/Widmeyer, Dianne: Säuglinge, Kleinkinder und ihre Betreuung, Erziehung und Pflege. Arbor Verlag, Freiamt 2008

Griebel, Wilfried/Niesel, Renate: Transitionen – Fähigkeit von Kindern in Tageseinrichtungen fördern, Veränderungen erfolgreich zu bewältigen. Beltz, Weinheim 2004

Haug-Schnabel, Gabriele/Bensel, Joachim: Grundlagen der Entwicklungspsychologie. Die ersten 10 Lebensjahre. Herder, Freiburg/Basel 2005

Kazemi-Veizari, Erika: Partizipation – Hier entscheiden Kinder mit. Herder, Freiburg 1998

Kasten, Hartmut: 0 – 3 Jahre. Entwicklungspsychologische Grundlagen. Beltz, Weinheim 2005

Korczak, Janusz: Wie man ein Kind lieben soll. Vandenhoek und Ruprecht, Göttingen 1972

Laewen, Hans-Joachim: Forscher, Künstler, Konstrukteure. Cornelsen Scriptor, Berlin 2002

Maslow, Abraham: Motivation und Persönlichkeit. Rowohlt, Reinbek 2002

Ministerium für Soziales, Gesundheit, Familie, Jugend und Senioren des Landes Schleswig-Holstein (Hrsg.)/Hansen, Rüdiger/Knauer, Raingard/Friedrich, Bianca: Die Kinderstube der Demokratie – Partizipation in Kindertageseinrichtungen. Eigenverlag, Kiel 2006

Pikler, Emmi: Lasst mir Zeit. Die selbstständige Bewegungsentwicklung des Kindes bis zum freien Gehen. Pflaum Verlag, München 1988

Regel, Gerhard: Plädoyer für eine offene Pädagogik der Achtsamkeit. Zur Zukunft des offenen Kindergartens. EB Verlag, Schenefeld 2006

Schäfer, Gerd E.: Frühkindliche Bildung als Bildung sinnlicher Erfahrung. Aus: Auf dem Weg zu einem Bildungsauftrag von Kindertageseinrichtungen. Ministerium für Bildung, Jugend und Sport des Landes Brandenburg, 1998

Schäfer, Gerd E.: Frühkindliche Bildungsprozesse. In: Neue Sammlung, Heft 2, 1999

Schäfer, G. E.: Bildung beginnt mit der Geburt. Beltz, Weinheim 2003

Stern, Daniel: Die Lebenserfahrung des Säuglings. Klett-Cotta, Stuttgart 2000

van Dieken, Christel; Effe, Bärbel, Metzler, Brigitte: Kinderkunstwerkstatt – ein Handbuch zur ästhetischen Bildung von Kindern unter drei Jahren; verlag das netz. Berlin, Weimar 2010

van Dieken, Christel: Was Krippenkinder brauchen. Bildung, Erziehung und Betreuung von unter Dreijährigen. Herder, Freiburg 2008

von der Beek, Angelika: Pampers, Pinsel und Pigmente. Ästhetische Bildung von Kindern unter drei Jahren. verlag das netz, Weimar/Berlin 2007

von der Beek, Angelika: Bildungsräume für Kinder von Null bis Drei. verlag das netz, Weimar/Berlin 2007

Die Autoren

Christel van Dieken ist Diplom-Pädagogin und bundesweit als freiberufliche Bildungsreferentin tätig. Sie war langjährig Fachberaterin für Kindertagesstätten der Vereinigung Hamburger Kitas gGmbH in Hamburg. Darüber hinaus ist sie Autorin pädagogischer Fachpublikationen.

Kontakt:
info@lernwerkstatt-vandieken.de

Torsten Lübke ist Diplom-Sozialpädagoge und als Kindertagesstättenleiter tätig. Er hat langjährige Erfahrung im Erziehungsbereich und ist bei der Vereinigung Hamburger Kindertagesstätten gGmbH beschäftigt.

Kontakt:
Kindertagesstätte Tornquiststraße
Tornquiststraße 19c
20259 Hamburg
E-Mail: kita-tornquiststrasse@kitas-hamburg.de

Julian van Dieken ist Multimedia Produzent und als freiberuflicher Filmemacher und Fotograf tätig. Zusammen mit Christel van Dieken hat er mehrere Film- und Buchprojekte im Pädagogik-Bereich realisiert und arbeitet darüber hinaus als Dokumentar- und Werbefilmer in Berlin und Hamburg. Christel und Julian van Dieken führen gemeinsam die Firma »van dieken vilsuals Bildung«, in der sie pädagogische Foto- und Filmprojekte machen.

Kontakt:
julian@vandieken.com
www.vandieken.com